KB115712

좌충우돌
**기술창업
오픈소스**

좌충우돌 기술창업 오픈소스

발행일	2021년 3월 3일

지은이	이철우		
펴낸이	손형국		
펴낸곳	(주)북랩		
편집인	선일영	**편집**	정두철, 윤성아, 배진용, 김현아, 이예지
디자인	이현수, 한수희, 김민하, 김윤주, 허지혜	**제작**	박기성, 황동현, 구성우, 권태련
마케팅	김회란, 박진관		
출판등록	2004. 12. 1(제2012-000051호)		
주소	서울특별시 금천구 가산디지털 1로 168, 우림라이온스밸리 B동 B113~114호, C동 B101호		
홈페이지	www.book.co.kr		
전화번호	(02)2026-5777	**팩스**	(02)2026-5747

ISBN	979-11-6539-629-9 03320 (종이책)	979-11-6539-630-5 05320 (전자책)	

좌충우돌
기술창업
오픈소스

이철우 지음

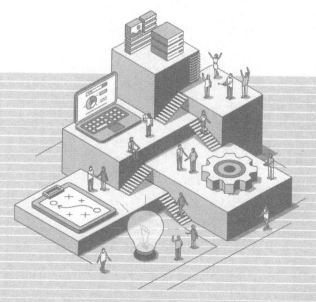

북랩 book Lab

최근 창업의 사례를 보면 제품(서비스)에 대한 지식과 경험을 바탕으로 기술창업을 하는 것이 일반적이다. 특히 정보통신기술(ICT)의 발전으로 인해 이를 바탕으로 기술창업하는 사례가 많다. 따라서 창업자는 기술창업과 더불어 기술개발에 대한 이해가 필요하다. 기술창업자는 자신이 알고 있는 산업 분야에 정보통신 등 여타의 기술을 적용하여 창업함으로써 산업의 융합을 도모하고 있다. 이러한 기술창업의 추세에 따라 연구개발에 성공한 사례를 발굴하고 공유하여, 신규 기술창업 기업이 성장하고 도약하는 것을 돕고자 한다. 이 책은 정보통신기술(ICT)을 바탕으로 창업한 기업을 중심으로 서술되었으나 여타 업종에도 적용할 수 있다.

COVID-19가 발생하기 전인 2019년 상반기, 국립검역소에 대한 국민참여 조직진단 연구용역을 수행한 바 있다. 이를 돌아보니 검역공무원들과 토론했던 내용이 많이 반영되어 개선된 것을 볼 수 있다. 질병관리본부(현 질병관리청)의 위상 강화, 전자검역, 정보검역, 표적검역 등과 동선 분리, 인권보장, 현장인력 확보 등 대부분이 실현되고 있는 것을 보니 다소 놀라웠다. 창업자들이 기술창업을 진행하는 과정에서도 이와 비슷한 경험을 하지 않을까

생각한다. 제4차 산업혁명 시대의 사회현상을 진단하고 문제를 해결하고자 연구·개발하는 과정에서 경험을 축적하고, 창업아이템이 사회로부터 주목을 받을 때 제품과 서비스는 큰 빛을 보게된다. 특히 정보통신기술은 기존 산업을 대체하거나 더욱 발전시키는 역할을 한다.

이 책은 기술창업의 개요로부터 시작하여 창업자들이 창업 초기에 필요한 정부지원사업을 이해하도록 서술되었다. 창업기업은 정부지원자금, 정책융자자금, 연구개발자금, 투자유치자금 순으로 자금을 조달하게 되는데 대략 이러한 순서로 서술하여 창업자들의 성장을 돕고자 한다. 최근 디지털 전환이 각 산업에서 확대되고 있다. 이와 관련하여 빅데이터 그리고 공공정보에 관한 법령 개정내용을 다루었다. 더불어 연구개발한 신제품을 공공조달을 통해서 판매하는 방안을 서술하였다. 마지막으로 재도전 창업자들을 위한 재기지원 제도 등을 다시 한 번 강조하여 서술하였다.

특히 각 장에서 정보통신기술을 기반으로 창업한 기업에 관한 사례연구를 제시하였다. 제4차 산업혁명 시대의 창업자는 디지털 전환을 염두에 둘 수밖에 없다. '디지털 전환'에 '디지털 지원'과 '디지털 창조'라는 보완 개념을 두어 기술창업의 착안점을 다루어 보았다. 더불어 10장에는 벤처창업, 일반창업 기업들을 대상으로 진행한 창업경영 멘토링 사례를 첨부하였다. 멘토링 내용이 다소 중복될 수 있으나, 모든 창업자가 겪게 되는 창업경영 내용이 그만큼 유사하다고 볼 수 있다. COVID-19로 인해 고통받는 창업자들과 부족하나마 기술개발과 창업경영의 지혜를 나누고자 한다. 기술창업자의 창업 경험은 결코 녹슬지 않는 보석으로, 그들의 끊임없는 노력과 열정이 우리나라를 빛나게 할 것이다.

이철우

목 차

제10장 창업경영 멘토링

제1장

기술창업
(사례연구: 스마트매장)

최근 정부지원사업은 주로 기술창업, 벤처창업 등을 중심으로 지원되고 있는 것이 사실이다. 창업자의 창업아이템은 제품(서비스)을 개발하면서 기술개발과 직간접적으로 연결될 수밖에 없다. 특히 제4차 산업혁명 시대의 정보통신기술 (ICT)과의 결합은 피할 수 없는 현실이 되었다. 거의 모든 산업에서 정보통신기술을 이용한 디지털 전환이 이루지고 있다. 필자는 '디지털 전환'에 '디지털 지원'과 '디지털 창조' 개념을 부가하여 정보통신기술이 각 산업에서 이행되고 있는 역할을 정리해보고자 한다.

▶ 창업이란 일반적으로 영리를 목적으로 개인이나 법인회사를 새로 만드는 일 또는 창업자가 사업아이디어를 갖고 자원을 결합하여 사업 활동을 시작하는 일이라고 정의할 수 있다.

(출처: 창업보육센터, 2020)

(1) 정부는 지원목적에 따라 〈중소기업창업지원법〉, 〈조세특례제한법〉, 〈지방세특례제한법〉에서 창업의 정의를 하고 있으며,

(2) 창업의 형태에 따라 일반창업, 벤처창업, 기술창업으로 구분하기도 하는데 이러한 창업의 정의와 개념은 아래와 같다.

구분	주요 내용
기술창업	혁신기술 또는 새로운 아이디어를 가지고 새로운 시장을 창조하여 제품이나 용역을 생산·판매하는 형태의 창업을 의미함.
벤처창업	High Risk - High Return에 충실하며 반드시 기술창업을 전제로 하지 않으나 우리나라에서는 〈벤처기업육성에 관한 특별조치법〉으로 정의되고 있음.
일반창업	기술창업이나 벤처창업에 속하지 않는 형태로서 도소매업과 일반서비스업, 생계형 소상공인 창업 등이 해당됨.

▶ 기술창업이란 창업 중에서도 혁신기술 및 기업가정신을 바탕으로 기존에 없는 시장을 창조하는 기술집약형 창업을 말하며, 아래와 같은 특성을 가진다.

(1) 혁신기술을 창출하는 창업
(2) 벤처, 기술혁신, 혁신선도, 기술집약형 기업의 창업
(3) 신기술 또는 개발아이디어를 독립 기반 위에서 영위하려는 창업
(4) R&D의 집중도와 기술적 우월성이 높은 기업의 창업
(5) 제품의 독창성, 사업의 독립성, 사회성, 국제성을 지닌 창업
(6) 기술의 우수성, 전문성, 노하우를 기반으로 성공 가능성이 높은 창업
(7) 신규 산업의 창출이 가능한 창업 등

▶ 기술창업은 통상 표준산업분류 기준으로 제조업(코드 C), 지식서비스업(코드 J, M, P, Q 등)과 같이 기술기반 업종에 해당하는 7년 이내 기업을 말한다.

(1) 기술창업에는 창업자가 지식과 경험을 보유한 경우와 이를 보유한 기술자를 확보하고 창업하는 경우가 있다.
(2) 적합한 기술자를 확보하지 못한 경우는 기술력 지원을 위해 외주업체와 협업이 필요하다.
(3) 기술창업 기업은 기술 보호를 위해 지식재산권을 확보하게

되는데, 지식재산권에는 특허권, 실용신안권, 상표권, 디자인특허권, 저작권, 프로그램 등이 있다.

▶ 정부 지원사업 등은 창업 3년 이내 혹은 7년 이내에서만 지원하는 경향이 있으며, 창업 3년 초과 또는 7년 초과의 경우 지원사업의 단절로 창업기업은 캐즘* 등 어려움을 겪을 수 있다.

* 캐즘(chasm): 본래 지질학 용어로, 지각변동으로 인해 골이 깊고 넓어지면서 지각이 단절된 것을 의미한다. 비즈니스에서는 신상품 혹은 신기술이 시장진입 초기부터 시장에 보급되기 전까지 일시적으로 수요가 정체되거나 후퇴하는 단절 현상을 지칭한다.

▶ 창업을 하는 이유는 창업의 성공을 통하여 얻게 되는 여러 가지 유익을 기대하기 때문인데, 창업의 성공적인 수행을 위해서는 아래와 같은 요소들이 필요하다.

가. 사람

▶ 창업기업의 업무는 사람이 수행하게 되며, 업무를 수행하는 사람이 갖고 있는 기업가정신과 의지, 능력과 자질, 사업에 임하는 태도, 구성원의 협력 관계 등에 따라 기업의 성패가 좌우된다.

(1) 창업자: 사업을 계획하고 실행을 주도하며 실질적으로 책임을 지는 사람으로서 창업자의 능력에 따라 창업기업의 성공과 실패가 좌우될 수 있다.

(2) 동업자: 창업자와 함께 금전, 현물 또는 기술을 투자하여 사업 부문별 역할을 수행하고, 그 과실을 분배하여 얻는 자로서 창업자 다음으로 중요한 구성원이 된다.

(3) 창업기업의 팀원 : 창업자와 함께 창업사업의 성공을 위해
참여하는 사람으로서 창업자를 도와서 업무를 수행한다.

나. 창업아이디어

▶ 창업자는 구체적으로 어떤 제품(서비스)을 생산하여 시장에 팔
것인지를 결정하게 되며 아래의 사항을 유념하게 된다.

(1) 우수한 기술이나 사업아이디어로 우수한 제품(서비스)을 생
산한다.
(2) 우수한 제품(서비스)으로 가격이나 품질 면에서 경쟁력을 갖는다.
(3) 제품(서비스)은 소비자가 기대하는 것 이상의 가치를 제공한다.

다. 시장

▶ 아무리 좋은 제품(서비스)이 공급될지라도 대가를 지급하고 사
려는 자가 없는 경우는 제품(서비스)의 공급이 중단될 수밖에
없다.

▶ 따라서 대상제품이나 서비스를 구매하려는 고객이 있어야 하
며, 기술의 우수성만을 믿고 제품을 개발한 후 시장을 개척하

기보다 시장의 가능성을 먼저 보고 제품(서비스)을 개발하는 것이 필요하다.

▶ 창업자는 아래의 시장 특성을 이해할 필요가 있다.

(1) 창업자는 제공하는 제품(서비스)에 대하여 대가를 지급하고 구매하려는 고객 집단을 이해한다.

(2) 고객은 제품(서비스)의 가격을 결정하며 수요를 간접적으로 조절한다.

(3) 창업자가 제공하는 제품(서비스)의 가격 및 품질은 고객이 느끼는 가치 수준에 맞아야 한다.

(4) 기존의 사업자들과 경쟁을 하여야 하고, 새로운 사업자가 새로운 제품이나 아이디어를 통해 시장에 추가 진입할 수 있다.

(5) 즉, 기존 시장이나 새로운 시장에 제품이나 서비스를 판매하기 위해서는 고객의 욕구를 정확히 파악하여, 그에 맞는 제품(서비스)을 개발하고 필요한 시기에 적절한 가격으로 제공해야 한다.

라. 자본

▶ 자본은 사업수행을 위해 필요한 자금을 말하며, 사업을 수행하

고자 하는 사람과 좋은 아이디어와 시장이 존재한다고 해도 사업수행에 필요한 자금이 없다면 사업을 진행할 수 없다. 자본은 자기자본과 타인자본으로 구분된다.

▶ 자기자본은 창업자가 조달한 자본으로 상환의무가 없는 자본을 말한다.

  (1) 개인기업의 경우: 사업수행에 필요한 자금은 개인 사업주가 투자하게 되고, 여러 명의 사업주가 공동으로 사업을 영위할 경우는 공동사업을 영위하는 사업주 모두가 자금을 부담한다.

  (2) 법인기업의 경우: 주주 또는 출자자들이 기업에 투자하게 되는 금액을 말하며 법인기업의 투자자는 개인, 법인(벤처캐피탈 등) 모두가 될 수 있다.

▶ 타인자본은 금융기관 등 외부로부터 조달한 자금을 말한다.

  ○ 창업자 또는 창업기업의 주주나 출자자가 기업에 투자하는 자본 이외에 사업수행에 필요한 자금을 타인으로부터 조달하게 되는 금액을 말하며, 즉 친인척, 지인, 금융기관 등으로부터 차입하게 되는 자금이고 상환의무가 있는 자본이다.

▶ 기술창업의 유형에는 여러 가지가 있을 수 있으나, 최근에는 정보통신기술(ICT)의 발달로 이를 응용, 융합한 기술창업의 사례를 많이 볼 수 있다.

▶ 필자는 정보통신기술을 중심으로 사업화 역할에 따라 디지털 전환(Digital Transformation, DT)을 아래와 같이 다시 세분화하고자 한다.

(1) 디지털 지원(Digital Assistance, DA)
(2) 디지털 전환(Digital Transformation, DT)
(3) 디지털 창조(Digital Creation, DC)

가. 디지털 지원(DA)

▶ 정보통신기술을 이용하여 창업한 기업이 이미 기존에 형성된 시장을 더욱 발전시키는 경우이다.

(1) 건강관리(healthcare)에서 인공지능을 활용하여 암 진단의 정확도를 높이는 것
(2) 레스토랑에서 스마트 기기를 이용하여 서비스 품질을 향상 하는 것 등을 예로 들 수 있다.

기존시장 존재 + 정보통신 창업 ⇒ 기존시장 발전

나. 디지털 전환(DT)

▶ 정보통신기술을 이용하여 창업한 기업이 이미 기존에 형성된 시장을 대체하는 경우이다.

(1) 교육시장에서 이러닝이 기존의 오프라인 교육을 대체하는 것
(2) 금융시장에서 오프라인 영업점을 사이버 영업점으로 대체 하는 것 등을 예로 들 수 있다.

기존시장 존재 + 정보통신 창업 ⇒ 기존시장 대체

다. 디지털 창조(DC)

▶ 정보통신기술을 이용하여 창업한 기업이 기존에 없던 시장을 만들어내는 것으로 새로운 틈새시장을 형성하는 경우이다.

○ 최근 스마트워치 이용이 증가하자 워치페이스(시계화면)를 디지털로 제공하는 시장이 형성되고 있다.

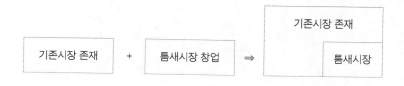

▶ 일반창업은 신기술을 기반으로 신제품을 개발하고 생산하여 기존시장에 틈새시장을 형성하는 경향이 있다.

▶ 정보통신기술을 이용한 기술창업의 추세를 위와 같이 구분해 보는 이유는 어떤 기술창업 추세가 시장에 빨리 진입하고 수익 실현을 앞당기는지를 분석하기 위한 것이다.

라. 기술창업 투자

▶ 국내 상위 6개 투자사는 2020년에 총 350건의 신규 투자를 실

행하였고, 세부적으로 시드머니 151건, 시리즈 A 75건, 시리즈 B 124건을 실행하였다.

국내 투자단계별 투자 추세(상위 투자사)

구분	상위 투자사	주요 투자	기타 투자
Seed Money (151건)	프라이머, 스파크랩스, 매쉬업엔젤스, 퓨처플레이, 블루포인트파트너스, 롯데액셀러레이터	솔루션*(29), 건강(29), 커머스*(19), 하드웨어(15), 교육(9), 푸드(9)	패션뷰티(7), 커뮤니티(7), 콘텐츠(6), 홈(6), 금융(6), 여행(4), 모빌리티(3), 부동산(1), 광고(1)
Series A (75건)	본엔젤스, 카카오벤처스, 스프링캠프, 캡스톤파트너스, DSC인베스트먼트, LB인베스트먼트	건강(15), 솔루션(12), 콘텐츠*(9), 커머스(8), 패션뷰티(7)	홈(6),하드웨어(4), 교육(4), 모빌리티(4), 금융(3), 커뮤니티(2), 광고(1)
Series B (124건)	한국투자파트너스, 스틱인베스트먼트, IMM인베스트먼트, 미래에셋벤처투자, 아주IB, 수마일게이트인베스먼트	건강(45), 콘텐츠(23), 솔루션(13), 패션뷰티(9), 하드웨어(8), 홈(7)	커뮤니티(5), 커머스(4), 금융(3), 모빌리티(3), 푸드(3), 교육(1)

(출처 : CaptIN.kr)

* **솔루션**: 수요자의 요구에 맞춘 소프트웨어를 개발함으로써 적용 문제를 해결하는 것
* **커머스**: 전자상거래의 일종으로 매매 과정에서 SNS 등 온라인 미디어를 활용하는 것
* **콘텐츠**: 경제적 부가가치를 창출하는 콘텐츠를 제공하는 서비스(게임, 음악, 만화 등)

▶ 시드머니 투자단계에서 솔루션(29), 건강(29), 커머스(19) 순으로 투자가 많이 이루어졌고, 시리즈 A에서는 건강(15), 솔루션(12), 콘텐츠(9) 순으로, 시리즈 B에서는 건강(45), 콘텐츠(23), 솔루션 (13) 순으로 투자가 이루어졌다.

▶ 투자사들은 정보통신기술을 기반으로 한 솔루션 공급업체에 단연 높은 관심을 보인다. 이는 각 산업에서 디지털 전환이 많이 이루어지고 있고, 특히 시리즈 B에서 건강 관련 기업에 큰 투자가 이루어지고 있는 것을 보여준다.

중소기업 기술로드맵

▶ 창업기업은 중소기업 기술로드맵을 주목하고 이를 기준으로 자신의 기술 수준을 진단하며, 향후 기술개발의 방향과 방안을 찾아야 한다.

▶ 중소기업 기술로드맵(smroadmap.smtech.go.kr)에서는 대기업보다 연구개발 역량이 부족한 중소기업의 기술역량을 강화하고 신성장 아이템을 제시하며, 중소기업 미래 먹거리 발굴과 전략적이고 지속적인 미래기술개발 가이드라인을 제시해준다.

▶ 중소기업 기술로드맵의 목적은 아래와 같다.

(1) 정부의 중소기업 육성정책과 기술의 미래성장 방향성을 고려하여, 타 부처 기술로드맵과 달리 중소기업의 수요조사 및 공급망 분석 등을 통해 중소기업 맞춤형 단기(3년 이내) 상용화를 추진한다.

(2) 기술시장 동향 및 중소기업 실태 분석과 미래 예측을 통해 중소기업 기술개발 방향을 제시한다.

(3) 중소벤처기업부 R&D 사업의 전략적 투자 방향 및 투자 시스템의 효율성을 개선하고, 중소기업 기술로드맵과 R&D 사업의 연계를 강화한다.

(4) 선진국 대비 우리나라 중소기업의 유망 기술분야별 기술 경쟁력 분석 추진과 중소기업 접근성을 고려한 온라인 기술로드맵 시스템을 고도화한다.

▶ 창업기업은 기술로드맵을 아래와 같이 활용한다.

(1) 중소기업 R&D의 목표, 전략, 수요, 기술발전 방향 등에 대한 일치된 정보와 방향성을 공유함으로써 R&D 추진의 효율성을 제고한다.

(2) 중소기업 수준에 맞는 기술개발 목표를 제시함으로써 기술개발 및 사업화 성공률을 높인다.

(3) 글로벌전략 기술개발사업, 혁신기업 기술개발사업, 융복합 기술개발사업, 시장창출형 창조기술개발사업 등 정부 R&D 사업에 직접 활용한다.

(4) 결과물의 온라인 게시, 이메일 서비스 및 온라인 로드맵 시스템 제공을 활용하여 새로운 도전과 기회를 조기 포착한다.

▶ 기술로드맵의 세부 산업 분야는 다음과 같다.

구분	산업 분야
4차 산업혁명	자율주행차, 전기수소차, 바이오, 의료기기, 시스템반도체, 인공지능, 빅데이터, IoT, 플록체인, 드론, 스마트제조, 스마트시티, 서비스플랫폼, 5G+, 지능형로봇, 실감형콘텐츠, 재난안전, 신재생에너지, 이차전지, 친환경소재, 자원순환
소재·부품·장비	기계금속, 기초화학, 디스플레이, 반도체, 자동차, 전기전자, 환경, 에너지
중소기업 성장기반	전기전자부품, 식품, 조선, 일반기계, 정밀기계, 유기화학, 무기화학, 섬유, 금속, 반도체 디스플레이 장비

▶ 기술창업의 사례를 각 장에서 1개 업체씩 아래와 같이 연구하고자 한다.

기술창업 사례연구

구분	분야	기업체명	홈페이지
1장	스마트매장	HELLOFACTORY	hellofactory.co.kr
2장	3D 정밀지도	MOBILTECH	mobiltech.io
3장	이러닝	NEWIN	newin.co.kr
4장	워치페이스	APPOSTER	apposter.com
5장	모바일 게임	HAEGIN	haegin.kr
6장	의료진단	NGeneBio	ngenebio.com
7장	영상편집	3i	3i.ai
8장	스마트병원	LEMONHEALTHCARE	lemonhealthcare.com
9장	핀테크	DUNAMU	dunamu.com

기술창업 사례: 스마트매장 [HELLOFACTORY]

가. 개요

▶ 당사는 2015년 6월 설립되어 SK텔레콤과 비콘벨 시스템 개발 계약을 체결하고 스마트매장과 관련한 제품 및 서비스 개발에 착수하였다.

▶ 당사의 제품은 비콘(beacon) 등 근거리 통신기술을 기반으로 한 IoT 제품으로 볼 수 있으며, 소통이 필요한 매장(현장)에서 업무의 효율성을 높이기 위해 개발되었다.

▶ 2016년 12월 K-Global 300 기업에 선정되었고, 2017년 10월 K-Champ 글로벌 사업화 지원사업(경기창조경제혁신센터)에 선정되었으며, 2019년 6월 팁스(TIPS) 프로그램에 선정되었고, 2019년 8월 신용보증기금 등으로부터 시리즈 A 투자를 유치하였다.

나. 기술성(제품)

▶ 이 제품(서비스)은 ① IoT 기반의 단말기(하드웨어)와 ② 클라우드 기반의 플랫폼(소프트웨어)으로 구성된다고 볼 수 있다.

▶ 이 제품(서비스)은 매장(현장)의 고객으로부터 받은 호출을 직원의 스마트워치에 전달하고, 직원으로 하여금 신속한 고객 응대가 가능하도록 하여 대고객 서비스의 품질을 향상시킨다.

▶ 당사 제품의 특성은 아래와 같다.

   (1) 실시간 소통을 통해 고객, 매장 직원, 주방 직원 간의 소통을 원활하게 하며 정확한 작업 지시를 통해 업무 편익을 제공한다.

   (2) 더불어 비콘(beacon) 벨뿐만 아니라 NFC, QR코드 등을 통해 스마트 기기로 서비스되며 매장(현장) 환경에 따라 다양하게 적용할 수 있다.

   (3) 소통된 주요 정보는 취합되어 고객과 직원의 동선 분석 등에 활용될 수 있으며, 매장(현장) 운영 및 마케팅 전략 수립의 용도로도 활용될 수 있다.

다. 사업성(시장)

▶ 당사의 제품은 기본적으로 매장 등 현장 업무가 수행되는 사업
  장에서는 모두 적용이 가능할 것으로 보이며, 특히 레스토랑,
  호텔, 병원, 유명 매장 등에서 사용이 확대될 것이다.

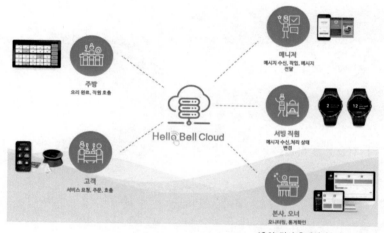

(출처: 당사 홈페이지 hellobell.net)

▶ 오프라인 매장 내 고객 서비스를 위한 소통 플랫폼 헬로벨을
  개발한 헬로팩토리가 국내 고급 레스토랑 및 호텔, 병원 등에
  진출하고 있다.

▶ 최근 COVID-19로 인해 국내뿐 아니라 해외의 오프라인 매장
  들에서도 거리두기와 방역을 위해 헬로벨이 활용되고 있다. 매
  장 영업을 재개한 이후의 대책과 운영방식의 변화에도 활용될

수 있다.

▶ COVID-19 사태로 인한 사회적 변화로 비대면 서비스가 확산되면서 매장에서 서로의 거리를 확보하거나 접점의 횟수를 줄이기 위해 이 제품(서비스)이 활용될 수 있다.

▶ 헬로벨은 이러한 언택트의 흐름 속에서도 오프라인 서비스의 지속성을 위해 효율적 연결의 필요성과 변화에 따른 대안을 제시하고 있다.

라. 기술창업 착안점

▶ 헬로벨은 고객 응대 서비스를 제공하는 레스토랑, 호텔뿐만 아니라 스포츠 경기장, 병원, 백화점 등 다양한 오프라인 매장에서 적용이 가능하다.

▶ 국내에도 레스토랑 및 호텔 등 적용 매장을 늘릴 수 있고, 대면 서비스를 중시하는 최고급 호텔에서 사용 효과가 높을 것으로 보인다.

▶ 또한, 스마트 의료시스템과 스마트 환자모니터링 서비스를 적용하여 병원과 요양원에 보급하는 등 시장 범위가 확대될 것으

로 기대한다.

※ 사례연구는 공개된 자료원을 토대로 작성된 것으로, 본문의 구체적인 사안
  과 관계없이 독립적으로 서술되었으며 기술창업 착안점 등은 필자의 견해
  가 반영되어 실제 기업의 사실과 차이가 있을 수 있음.

제2장

기술개발
(사례연구: 3D 정밀지도)

창업자는 자신의 지식과 경험을 바탕으로 창업아이템을 발굴하고 사업을 추진한다. 즉 창업자 대부분은 자신의 관심을 끌게 된 창업아이템을 고집하고 사업화를 시도한다. 그러나 창업자는 우선 자신의 사업에 대한 정체성을 확립하고, 창업아이템이 궁극적으로 기업의 수익을 가져다줄 것인지를 먼저 판단할 필요가 있다. 즉 창업을 위한 창업이 아니라 기업의 수익을 창출하기 위한 창업이어야 한다. 기술개발 자체도 중요하지만, 기술개발 및 사업화를 통해 실현할 수 있는 매출액과 수익금에 관심을 가져야 한다.

1 사업 분류

▶ 창업자는 자신의 창업아이템이 최종 어떤 제품(서비스)이고 어느 산업군에 소속되는지 확인할 필요가 있다.

▶ 창업자는 통계청 통계분류포털의 한국표준산업분류 또는 국세청 표준산업분류 연계표를 참조하여 자신의 사업과 가장 유관한 업종을 선택하게 된다.

▶ 창업자가 선택한 사업의 업종에 따라 정책융자자금의 중점지원 분야가 되기도 하고, 세금신고의 기준이 되기도 하는 등 경영 전반에 영향을 미친다.

한국표준산업분류표

코드	업종 대분류
A	농업·임업 및 어업
B	광업
C	제조업
D	전기, 가스, 증기 및 공기조절 공급업
E	수도, 하수 및 폐기물 처리, 원료 재생업
F	건설업
G	도매 및 소매업
H	운수 및 창고업
I	숙박 및 음식점업
J	정보통신업
K	금융 및 보험업
L	부동산업
M	전문, 과학 및 기술 서비스업
N	사업시설 관리, 사업지원 및 임대 서비스업
O	공공행정, 국방 및 사회보장 행정
P	교육 서비스업
Q	보건업 및 사회복지 서비스업
R	예술, 스포츠 및 여가관련 서비스업
S	협회 및 단체, 수립 및 기타 개인 서비스업
T	가구내 고용활동 및 달리 분류되지 않은 자가소비 생산활동
U	국제 및 외국기관

출처 : 통계청(2020)

▶ 사업의 업종과 품목에 따라 정책융자자금의 중점지원 대상이 될 수 있다. 예를 들어 대분류 건설업(F) 중에서 '배관 냉난방 공사업(F452132)' 등 세분류에 따라 정책융자자금 대상으로 우선 선정되기도 한다.

▶ 최근 주목을 받는 업종인 정보통신업(J)에 통합된 산업 활동은 아래와 같다.

(1) 정보 및 문화상품을 생산하거나 공급하는 산업, 정보 및 문화상품을 전송하거나 공급하는 수단을 제공하는 산업, 통신서비스 활동, 정보 기술, 자료처리 및 기타 정보서비스를 제공하는 산업 활동

(2) 출판업으로 학습 서적, 만화, 소설 및 수필집 등 일반 서적과 신문, 주간지, 월간지, 연보 등 정기간행물 등을 발간하거나 소프트웨어를 출판하는 산업 활동

(3) 영상·오디오 기록물 제작 및 배급업은 영화 및 방송 프로그램을 제작, 배급 및 상영하거나 영화 제작과 관련된 필름 가공, 더빙 등의 제작 후 서비스를 제공하는 산업 활동과 음반 등 오디오 기록물의 원판 및 출판 산업 활동

(4) 방송업으로 라디오 및 텔레비전 등의 방송 프로그램을 지상파, 유선 및 위성 등의 각종 전송 방식에 의하여 송출하는 산업 활동

(5) 우편 및 통신업은 유선, 무선 및 기타 전자적 방법에 의하

여 음성, 자료, 문자, 영상 등의 각종 정보를 송수신하거나
전달하는 통신서비스를 제공하는 산업 활동

(6) 컴퓨터 프로그래밍, 시스템 통합 및 관리업은 부문형 소프
트웨어를 자문, 개발, 공급하고 컴퓨터 시스템을 통합 구축
하는 산업 활동과 컴퓨터 시스템의 관리 및 운영 관련 기술
서비스를 주로 제공하는 산업 활동

(7) 정보서비스업은 정보 처리, 호스팅 서비스 및 온라인 정보
제공 서비스를 제공하는 산업 활동

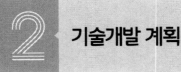

기술개발 계획

▶ 경제협력개발기구에 따르면 연구개발(R&D, Research and Development)은 인간, 문화, 사회의 지식을 증강하기 위한 창조적인 일이자 새로운 응용물을 고안하기 위한 지식의 이용을 가리킨다.

▶ 창업자는 창업아이템을 제품화하기 위해서 신제품 또는 신기술을 개발하게 되는데, 이는 연구개발보다 실용적이고 협의의 개념인 기술개발이라고 할 수 있으며, 제품(서비스) 관련 기술개발의 순환 고리는 아래와 같다.

(1) 제품(서비스)의 디자인, 시제품 개발, 테스트
(2) 제품(서비스)의 구현, 효능 검사, 개선
(3) 제품(서비스)의 종합 취합, 이론화
(4) 제품(서비스)의 점검, 가설 설정, 평가

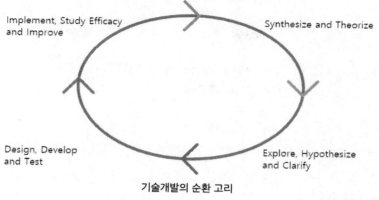

Scale Up and Study Effectiveness

Implement, Study Efficacy
and Improve

Synthesize and Theorize

Design, Develop
and Test

Explore, Hypothesize
and Clarify

기술개발의 순환 고리

(출처 : 위키백과, 2021)

▶ 기업은 기술개발을 통해 신제품을 개발하고 시장에 제품(서비스)을 출시하게 된다. 따라서 기업의 연구개발은 해당 산업과 연관성이 많은 관계로 제조업 또는 서비스업을 불문하고 시장의 요구와 반응을 주시해야 한다.

▶ 창업기업은 기술개발에 앞서 ① 내부 역량에 해당하는 기술성과 ② 외부 환경에 해당하는 사업성을 점검하게 된다.

가. 기술성

▶ 창업자는 창업아이템과 관련한 개발기술의 기본개념을 명확히 설정하고, 개발할 신제품(서비스)이 사회의 어떤 문제를 해결하

는지 정립해야 한다.

▶ 특허정보넷 키프리스를 통해 특허를 검색하여 관련 기술과 제품의 선행연구를 실행하고, 개발할 신제품(서비스)의 독창성, 신규성, 차별성을 구체적으로 정립한다.

▶ 창업기업이 내부 역량을 모두 갖출 수 없으므로 기업의 장단점을 확인하고 이를 보강하는 외부협력 방안을 마련한다.

▶ 창업기업이 개발하고자 하는 기술 또는 제품과 관련한 특허출원 등 보호 장치를 마련하고, 기존 유사 지식재산권에 대한 회피방안 등을 마련한다.

▶ 개발할 기술 또는 제품의 성능지표를 설정하고 이를 측정하는 방안을 모색하여 기술개발 이전과 이후의 기대 수준을 제시한다.

▶ 기술개발과 관련한 외부 참여기업을 발굴하고 위탁업무 관계를 정립한다. 특히 유관 연구원 또는 진흥원을 발굴하여 직접 방문을 통해 최종 목표달성 방안을 수립한다.

▶ 창업기업은 자신을 주관기관으로 하여 외부 참여기업, 위탁연구기관, 외주용역업체 등의 역할과 임무 및 참여 비중을 설정한다.

▶ 최종 세부 개발내용 및 일정을 확정하고 연구 관련 장비 등 기자재 준비상황을 점검하고 구매계획을 수립한다.

▶ 기술개발 기업은 아래의 내부 역량 중 조직적 측면과 기술적 측면에서 부족한 부분을 보강하고 적절히 외부 전문위원을 활용한다.

창업기업의 일반적 내부 역량

조직 측면	기술 측면
전문인력 부족 기회역량 부족 기술대응 인력 부족 마케팅 홍보 부족 자금력 부족 사업화 의지 부족 외부 네트워크 협력 지원 부족	원천 기술 부족 낮은 기술 완성도 유망기술 정보 분석 어려움 비즈니스모델 제시 어려움 제품(서비스)의 차별성 보유 장비 성능 부족 기술지도 미흡

(출처: 김주희 외(2014), 「기술사업화 특성분석 및 전략적 추진방안」, 한국과학기술기획평가원)

나. 사업성

▶ 기술개발 대상 창업아이템이 어느 산업에 속하는지 먼저 인식할 필요가 있다. 즉 한국표준산업분류표상에서 창업아이템이 속하는 업종의 대분류, 중분류, 세분류를 확인한다.

▶ 창업아이템의 시장규모를 추정하기 어려운 경우에는 상위 산

업군, 전방 또는 후방 산업군을 조사하고, 창업자가 지향하는 틈새시장의 비중(%)을 적용하여 시장규모를 추정한다.

▶ 개발된 기술을 사업화하기 위해서는 매출실적이라는 성과가 발생해야 한다. 따라서 개발종료 후 약 3개년 또는 5개년 매출실적을 추정한다. 기업의 매출액 등 재무적 실적을 통해 기업의 성장성, 안정성, 수익성, 활동성 등을 측정하게 된다.

▶ 추정매출액의 산정근거는 제품(서비스)별 단가 대비 예상 수량으로 산정할 수 있으며, 중소기업 기술로드맵 등을 활용하여 추정치를 예상한다.

▶ 국내외 시장규모에 대한 자료는 해당 산업의 협회, 진흥원, 연구원 등에서 찾아볼 수 있으나, 대부분 과거 자료인 관계로 이 자료에서 성장률을 곱해 향후 예상 시장규모를 추정할 수 있다.

▶ 현재 기술을 개발하고 있는 대부분의 제품(서비스)이 이미 시장에 유사한 형태로 출시된 것이 사실이다. 따라서 경쟁사의 유사제품과 판매가격을 통해 시장규모를 추정할 수 있다.

▶ 제품(서비스)의 출시와 더불어 대량 생산을 위해서는 추가 운전자금이 필요하다. 추가 운전자금은 판매수익금, 투자유치, 융자자금 등을 통해 조달하게 된다. 정책자금 조달 시에는 수출추

진, 고용계획 등 정책 방향에 부합하는 내용을 설명한다.

▶ 기술개발 기업은 아래의 외부 환경 중 시장적 측면과 정책적 측면에서 부족한 부분을 보강하는 방안을 모색하고 적절히 외부 전문위원을 활용한다.

창업기업의 일반적 외부 환경

시장 측면	정책 측면
시장 동향 정보 부족 대체기술 출현 유사제품 출현 시장수요가 적음 영업 및 판로개척 어려움 관련 법, 세제 정보 부족 협력기관의 역량 부족	기술정보 상호 연계 부족 높은 기술료 부담 기술담보 대출 어려움 사업화 지원 효과 미미 사업화 인적역량 강화 부족 정부 과제 선정의 어려움 자금 지원 부족

(출처: 김주희 외(2014), 「기술사업화 특성분석 및 전략적 추진방안」, 한국과학기술기획평가원)

▶ 창업아이템의 사업화 성공 요인과 실패 요인은 아래와 같다. 창업기업은 이를 참고하여 해결 방안을 마련한다.

성공 요인	실패 요인
명확한 목표 설정 체계적인 전략과 기획 시장으로부터 접근 경영자의 의지 우수한 창업팀 아웃소싱, 파트너 활용 정부지원 활용	목표 설정 부재 기술에 너무 치중 개발자에 의한 사업 진행 기술 전문가 부재 잘못된 시장 파악 투자확보 실패 기술확보 미숙

(출처: 조영국(2009), 「바이오 기술사업화 전략과 성공사례」)

디지털 전환

▶ 최근 모든 산업에서 디지털 전환이 빠르게 전개되고 있다. 이는 각 산업에서 효율성과 효과성을 더욱 중대하는 방안으로 디지털 전환을 택하고 있기 때문이다.

가. 개요

▶ 디지털 전환(Digital Transformation, DT)은 제4차 산업혁명 시대라고 불리는 1990년대에 등장한 개념으로, 디지털 기술을 사회 전반에 적용해 전통적인 사회 구조를 혁신한다는 뜻을 담고 있다. 디지털 전환을 Digitalization for All의 의미로 DX로 표현하기도 한다.
(출처: 김창호(2020), 「제조기업구성원의 디지털전환(DX) 인식이 디지털 기술 수용에 미치는 영향」, 무역연구)

▶ 디지털 전환은 2010년대 초반 사물인터넷(IoT), 클라우드 컴퓨팅, 빅데이터, 인공지능(AI) 등 첨단 정보통신기술 플랫폼의 등

장으로 정점에 이르렀다. 최근 COVID-19 사태에서 언택트 기
술의 수요 증가와 맞물려 점점 더 가속화되고 있다.

▶ 제4차 산업혁명 핵심기술은 사물인터넷(IoT), 클라우드 컴퓨팅,
빅데이터, 모바일, 인공지능(AI) 등이 있으며, 이 핵심기술들은
정보통신기술을 기반으로 한다.

나. 핵심기술

▶ 연구자 김창호는 디지털 전환의 핵심기술을 아래와 같이 정리
하였다(김창호(2020), 「제조기업구성원의 디지털전환(DX) 인식이 디지
털기술 수용에 미치는 영향」, 무역연구).

(1) 사물인터넷(IoT)
- 사물인터넷(IoT)은 사물들이 단순하게 연결되어 있던 수준에
서 연결된 사물들이 지능(Intelligence of Things)을 갖게 되는
단계로 진화하고 있다.
- 특히 5G Network가 확대되면서 기기들과 연결돼 정보를 생
성하고 공유하는 Massive IoT(Smart Home, Smart City, Logis-
tics 등)와 보다 정교하게 연결되는 Critical IoT(healthcare, 무
인 수술, 자율주행, 제조 산업 등)로 세분하여 발전하고 있다.
- 이러한 IoT 기술을 통해 축적된 기술은 데이터와 솔루션을

클라우드 방식으로 공유하고, 인공지능으로 상황을 분석, 생산 시뮬레이션을 진행하여 제조기업 생산시스템의 출발점이 되고 있다.

(2) 클라우드 컴퓨팅
- 클라우드 컴퓨팅은 가상공간에 공유된 컴퓨팅 자원(네트워크, 서버, 스토리지, 서비스 및 어플리케이션 등)을 언제 어디서나 편리하고 빠르게 활용할 수 있는 구독기반(Pay per Use) 방식 네트워크 접근모델이라고 할 수 있다.
- 현재까지 표준으로 정의된 서비스 모델은 인프라 서비스(Infrastructure as a Service, IaaS), 플랫폼 서비스(Platform as a Service, PaaS), 소프트웨어 서비스(Software as a Service, SaaS) 등을 들 수 있다.
- 클라우드 컴퓨팅은 제조기업에서도 비용 절감, 스토리지 공간 확장성 등으로 급격히 성장하고 있으며 활용이 확대되고 있다.

(3) 빅데이터
- 빅데이터는 대량의 정형·비정형 데이터로부터 가치 있는 정보를 추출하고 그 정보를 토대로 개인 및 사회 전반의 성향을 분석하여 변화를 예측하는 기법이다.
- 즉, 단일 기기나 시스템의 처리수준을 능가하는 볼륨(volume)과 처리속도(velocity), 다양성(variety)을 지닌 데이터를 의미한다.

- 데이터의 수집과 AI의 분석기술이 결합하여 DAITA(data와 AI의 합성어)란 의미로 인공지능과 더불어 성장하는 데이터의 시대를 만들어가고 있다.
- 특히, 5G 기반의 통신 인프라가 확장되고 클라우드 서비스를 통해 생산된 콘텐츠가 AR/VR과 연계되는 새로운 사업모델이 출현하고 있다.
- 제조기업에서도 데이터의 활용은 단순히 의사결정과 자원배분 이상의 역할을 하고 있다.

(4) 인공지능

- 인공지능(Artificial Intelligence)은 수준에 따라 약한 인공지능(Artificial Narrow Intelligence, ANI), 강한 인공지능(Artificial General Intelligence, AGI), 슈퍼 인공지능(Artificial Super Intelligence, ASI)으로 구분한다(박도훈(2020), 「제4차 산업혁명 인공지능(AI)에 대한 미래교회 대응 방안 연구」, 한국실천신학회).
- 약한 인공지능(ANI)은 전문가 시스템 수준의 인공지능으로 로봇 청소기, 번역 시스템 등의 특정 임무를 수행하는 인공지능을 말한다.
- 강한 인공지능(AGI)은 인공신경망 기술인 딥러닝(Deep Learning) 기술이 도입되면서 사람처럼 사고·연산이 가능하게 진화된 것이다.
- 슈퍼 인공지능(ASI)은 미래의 AI로 인간 이상의 지능을 지닌 초인공지능 혹은 휴머노이드, 인간형 로봇으로 일상의 인간

노동을 대신하는 수준의 인공지능이다.

- 제조기업의 경우 반복적, 규칙적 업무 프로세스를 자동화하거나 RPA(Robotic Process Automation) 혹은 데이터 기반의 로보 어드바이저(Robo-Advisor) 등의 기술을 적용하여 생산 공정과 업무를 개선할 수 있다.

(5) 가상현실 등

- 가상현실(Virtual Reality, VR)은 컴퓨터가 구성한 가상공간을 현실로 인식하여 몰입하게 하는 기술이다. 컴퓨터 그래픽 기반의 디스플레이와 인터페이스에 3D 가상배경 환경을 구현하여 몰입도를 높이고 이용자는 가상세계의 대상물과 상호작용을 한다.

- 증강현실(Augmented Reality, AR)은 가상의 컴퓨터 그래픽이나 음성, 영상 등의 정보를 카메라로 촬영한 현실 세계의 정보와 혼합하여 강화하고 증강한 것이다. AR은 VR을 수반하며 실시간 상호작용을 할 수 있고 3D 환경으로 구현된다.

- 혼합현실(Mixed Reality, MR)은 마이크로소프트(Microsoft)가 제시한 개념으로 VR과 AR의 수준을 넘어 음성이나 동작 인식을 통해 현실과 가상을 합성하고 다양한 경험을 제공하는 기술이다.

(6) 3D 프린팅

- 입체형사물 출력기(3D printing)는 기존의 절삭하는 방식이 아

닌 적층하는 방식으로 입체형 사물의 실물을 출력하는 프린터 기술이다. 바닥에서 재료를 쌓아 올리듯 사용자가 원하는 다양한 사물이나 제품을 구현해낼 수 있어 산업 전반에서 그 활용이 급격히 증가하고 있다.

- 제조기업 현장에서는 신속한 제품개발, 혁신적 디자인을 위한 비용 절감의 효과가 있고, 연구개발뿐만 아니라 산업현장에서 적용이 활발히 진행되고 있다. 이러한 디지털기술은 제조업 현장에서 생산성, 품질, 원가, 안전 등의 효과를 기대할 수 있다.

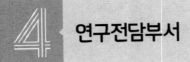

연구전담부서

가. 개요

▶ 연구소/전담부서 설립신고 제도는 일정 요건을 갖춘 기업의 연구개발전담조직을 인정함으로써 기업 내 독립된 연구조직을 육성하고 인정받은 연구소/전담부서에 대해서는 연구개발 활동에 따른 지원 혜택을 부여하여 기업의 연구개발을 촉진하는 제도이다.

▶ 법적 근거는 아래와 같다.

  (1) 기업부설연구소: 〈기초연구진흥 및 기술개발지원에 관한 법률〉 제14조의2, 동법 시행령 제16조의2
  (2) 연구개발전담부서: 〈기초연구진흥 및 기술개발지원에 관한 법률〉 제14조의2, 동법 시행령 제16조의2

▶ 한국산업기술진흥협회는 〈기초연구진흥 및 기술개발지원에 관한 법률〉 제20조 및 동법 시행령 제27조 1항에 근거하여 연구

소/전담부서 신고의 수리 및 인정 업무를 처리하고 있다.

▶ 과학기술분야 또는 서비스 분야 연구개발 활동을 수행하는 개인기업 또는 법인기업이 신고의 주체가 된다(기업 외에 비영리기관, 의료법에 의한 의료법인 등은 신고대상에서 제외).

▶ 기업부설연구소/연구개발전담부서 설립신고는 기본적으로 선(先)설립, 후(後)신고 체계이므로 이를 신고하고자 하는 기업은 신고 인정요건을 갖춘 상태에서 구비서류를 작성하여 한국산업기술진흥협회에 신고한다(온라인 시스템을 통해 신고).

나. 인적 요건

▶ 기업규모 등에 관계없이 연구전담 요원으로 인정되는 경우는 아래와 같다(〈기초연구진흥 및 기술개발지원에 관한 법률〉 시행규칙 제2조 3항).

(1) 자연계(자연과학·공학·의학계열)분야 학사 이상인 자
(2) 〈국가기술자격법〉에 의한 기술·기능분야 기사 이상인 자

▶ 인정요건은 다음과 같다.

구분			신고요건
인적요건	연구소	벤처, 연구원·교원 창업기업	연구전담요원 2명 이상
		소기업	연구전담요원 3명 이상(창업 후 3년 이내 2명 가능)
		중기업/국외기업부설연구소	연구전담요원 5명 이상
		중견기업	연구전담요원 7명 이상
		대기업	연구전담요원 10명 이상
	전담부서	기업규모에 관계없이 동등	연구전담요원 1명 이상
물적요건	연구시설 및 공간요건		연구개발활동을 수행해나가는 데 있어 필수적인 독립된 연구공간과 연구시설을 보유하고 있을 것

▶ 중소기업에 한해 인정되는 경우는 아래와 같다.

(1) 자연계분야 전문학사로 2년 이상 연구 경력이 있는 자(3년제 는 1년 이상)

(2) 〈국가기술자격법〉에 의한 기술·기능분야 산업기사로 2년 이상 연구 경력이 있는 자

(3) 마이스터고 또는 특성화고 졸업자로 4년 이상 연구 경력이 있는 자

(4) 기능사 자격증 소지자의 경우 4년 이상 연구 경력이 있는 자

(5) 창업 3년 미만 소기업의 경우 대표이사가 연구전담요원 자

격을 갖추었다면 연구전담요원 인정 가능

▶ 중소기업 당시 연구전담요원으로 등록되어 해당 업체에 계속해서 근무하는 경우는 중소기업에 한해 인정되는 자격을 중견기업이 되어도 인정한다.

▶ 산업디자인 분야 및 서비스 분야를 주업종으로 하는 경우의 인정 요건은 아래와 같다(〈기초연구진흥 및 기술개발지원에 관한 법률〉 시행규칙 제2조 4항).

  (1) 자연계분야 전공자가 아니더라도 가능
  (2) 학사 이상인 자
  (3) 전문학사로 2년 이상 연구 경력이 있는 자
  (4) 〈국가기술자격법〉 제9조제2호에 따른 서비스 분야 1급 이상의 자격을 가진 자
  (5) 〈국가기술자격법〉 제9조제2호에 따른 서비스 분야 2급 소유자로서 2년 이상 연구 경력이 있는 자

다. 공간 요건

▶ 독립된 연구 공간 요건은 다음과 같다.

(1) 사방이 다른 부서와 구분될 수 있도록 벽면을 고정된 벽체로 구분하고 별도의 출입문을 갖춘 독립공간을 확보해야 한다.

(2) 면적은 객관적으로 볼 때 해당 연구소에서 연구기자재를 구비하고 연구원이 관련분야의 연구개발을 수행하는 데 적절한 크기를 확보해야 한다.

(3) 연구소/전담부서가 면적 50㎡ 이하인 경우 연구공간을 별도의 출입문을 갖추지 않고 다른 부서와 칸막이 등으로 구분하여 운영할 수 있다(연구소/전담부서 현판 부착).

▶ 연구기자재(연구전담요원 또는 연구보조원이 연구개발 활동에 직접 사용하는 기계, 기구, 장치 및 재료를 말함) 등은 연구공간에 위치해야 한다.

기술창업 사례: 3D 정밀지도 [MOBILTECH]

가. 개요

▶ 당사는 2017년에 설립되어 3D 공간 정보를 영상처리 및 활용하여 자율주행 등에 필요한 3D 정밀지도 측위 기술을 개발한 기업이다.

▶ 당사는 라이다(Lidar) 센서를 활용하여 3D 정밀지도를 작성(mapping)하는 특화된 기술을 보유하고 있다. 라이더는 레이저를 이용하여 자율주행 등에 필요한 입체 정밀지도를 만든다.

▶ 2020년 대한민국 위치기반서비스 공모전에서 '클라우드 기반 3D 고정밀 공간정보 및 측위 서비스'를 주제로 대상을 받았고, CES 2021 Innovation Awards에서 해당 서비스를 활용하는 LC-Localizer라는 3D 고정밀 측위 솔루션이 혁신상을 받아, 차세대 산업인 자율주행 측위 소프트웨어 분야에서 탁월한 기술력과 비전을 제시하고 있다.

나. 기술성(제품)

▶ 레플리카 시리즈는 라이다와 카메라를 활용하여 3D 위치 정보를 수집하고 이들 정보를 바탕으로 딥러닝을 처리하여 정밀지도를 생산한다.

▶ 당사의 제품(서비스)은 자율주행에 주로 사용되지만 스마트시티, 로봇, 군사, 게임, 가상현실(VR) 등 다양한 사업에 적용이 가능할 것이다.

▶ 제품의 특성은 아래와 같다.

   (1) 자율주행에 있어 차량의 위치를 파악할 수 있고, 거리 오차율도 10~15㎝ 정도에 불과한 것으로 보고되고 있다.

   (2) 현대자동차 등 차량 제조업체나 네이버 등과 같은 IT 포털들에서 관심이 있으며, 향후 특정 위치에서 정밀지도 서비스를 제공할 것으로 기대한다.

(출처: 당사 홈페이지 mobiltech.io)

다. 사업성(시장)

▶ 당사의 제품은 기본적으로 자율주행 등에 초점을 맞추어 기술 개발이 시작되었으나, 자율주행 배달 로봇 등 다양한 사업 분야에 적용이 가능한 기초 기반산업에 해당한다.

▶ 이 제품을 통해 제작된 정밀지도는 가상현실의 실제 배경이 될 수 있으며, 시각장애인을 위한 서비스 개발에도 제 역할을 할 것으로 보인다.

▶ 따라서 모빌테크는 3D 정밀지도를 제작할 수 있는 원천 기술을 제공하고, 지역별·위치별 정밀지도를 제작하는 기업에서 이 원천 기술을 활용한 사업으로 수익 및 고용창출이 기대된다.

라. 기술창업 착안점

▶ 자율주행을 위해서는 도로 주변의 방대한 정보들을 취합하고, 이를 가공 처리하는 전문 하드웨어와 소프트웨어 기술이 필요하다. 이러한 측위 정보 등은 카메라, 레이더, 라이다 등 센서를 통해 취합하며 3D 맵핑, 정밀 GPS 등 다양한 기술을 통합하여 인공지능 딥러닝 처리로 가공된다.

▶ 이 제품은 디지털 전환(DT)이라기보다는 디지털 창조(DC)에 가까우며, 향후 새로운 창업기업과 직업을 창출할 것으로 기대한다. 또한, 국토지리정보원 등과의 정밀지도 표준화 작업도 기대된다.

※ 사례연구는 공개된 자료원을 토대로 작성된 것으로, 본문의 구체적인 사안과 관계없이 독립적으로 서술되었으며 기술창업 착안점 등은 필자의 견해가 반영되어 실제 기업의 사실과 차이가 있을 수 있음.

제3장

지원사업
(사례연구: 이러닝)

창업자는 창업아이템을 구현하는 시제품을 제작하고 시장의 반응을 보면서 본격적으로 제품(서비스)의 양산을 위한 기술개발 고도화 작업을 하게 된다. 창업자는 시제품 개발을 위해 정부 지원사업을 우선 신청하게 되는데, 일반적으로 예비창업패키지 또는 초기창업패키지 등을 시작으로 지원을 신청한다. 혹시 기존에 창업했던 경력이 있으면 재도전 성공패키지 등을 통해 창업 의지를 불태운다.

창업 초기기업은 제품(서비스) 개발을 위한 창업성장 기술개발(디딤돌 등) 지원사업이 큰 힘이 된다. 그러나 창업 초기에는 시장의 주목을 받지 못한 상태여서 사업동반자가 부족하다고 볼 수 있다. 제품(서비스)이 대량 생산되어 어느 정도 매출이 실현되고 있으면, 또다시 제품(서비스)의 고도화를 위한 연구개발자금이 필요하다. 이때 창업기업이 할 수 있는 연구개발 방안은 창업성장 기술개발에 이은 네트워크형 기술개발 등이 있다.

1 의의

가. 시제품 개발

▶ 창업 초기기업이 시제품 개발을 위해서 지원받는 정부 지원사업은 대체로 아래와 같다.

사업명	사업개요	지원내용	지원대상	주관기관
예비창업 패키지	혁신적인 기술을 갖춘 예비창업자에게 사업화 자금과 창업교육 및 멘토링 등을 지원하는 예비창업단계 전용 프로그램	① 사업화 자금 지원 ② 창업교육 및 멘토링 등	예비창업자	창업진흥원 (예비창업 재도전부)
초기창업 패키지	창업지원역량을 보유한 주관기관을 통해 업력 3년 이내 창업기업에 아이템 사업화를 위한 자금 및 창업기업 수요 기반의 맞춤형 프로그램을 제공하여 초기 창업기업의 성장을 지원	① 사업화 자금 지원 ② 특화프로그램 제공	업력 3년 이내 창업 기업	창업진흥원 (초기창업부)
창업성공 패키지 (청년창업 사관학교)	유망 창업아이템 및 혁신기술을 보유한 우수 창업자를 발굴하여 창업사업화 등 창업 全 단계를 패키지 방식으로 일괄지원하여 성공창업기업 육성	① 청년 기술 창업 One-Stop 패키지 지원 시스템 운영	만 39세 이하, 창업 3년 이내 기업	중소벤처기업진흥공단 (창업지원처)
창업도약 패키지	창업도약기(3~7년) 기업의 스케일업을 통한 성과창출을 위해 사업모델 개선, 사업아이템 고도화, 분야별 특화프로그램 등 사업화 지원 및 성장촉진 프로그램 운영	① 사업화 지원 ② 맞춤형 서비스 지원	창업 3~7년 이내인 자(기업)	창업진흥원 (창업도약부)

사업명	사업개요	지원내용	지원대상	주관기관
재도전 성공 패키지	성실한 (예비)재창업자에게 사업화 자금 및 교육, 멘토링 등을 패키지식으로 지원하여, 사회적 자산의 사장 방지 및 재창업 성공률 제고	① 사업화 자금 지원 ② 교육 및 멘토링 ③ 보육공간 등 패키지식 지원	예비 또는 재창업 3년 이내 기업의 대표 (TIPS-R은 예비 또는 재창업 7년 이내)	창업진흥원 (재도전창업팀)
창업성장 기술개발	사업성장 잠재력을 보유한 창업기업의 기술개발 지원을 통해 기술창업 활성화 및 창업기업의 성장 촉진	① 기술개발 지원	업력 7년 이하이며 매출액 20억 미만의 창업기업	중소기업기술정보진흥원 (창업성장사업실)

▶ 각 진흥원에서 추진하고 있는 연구개발 사업도 아래와 같이 주목할 필요가 있다.

주관기관	사업내용
정보통신산업진흥원 (NIPA)	① 기술개발사업 : 정보통신성장기술, IT산업기술, IT우수기술, IT융합기술, 차량IT기술개발, 산업IT융합센터, IT핵심부품공동기술 개발 ② 연구기반조성사업 : 정보통신 연구기반 조성사업, 정보통신 정책개발 지원사업, 방송통신정책연구 용역사업, 중소기업장비지원 ③ 인력지원사업 등
국토교통과학기술진흥원 (KAIA)	① 건설부문 : 건설기술연구사업, 물관리연구사업, 플랜트연구사업, 도시건축연구사업, 주거환경연구사업, 국토공간정보연구사업, 국가전략프로젝트 ② 교통부문 : 교통물류연구사업, 철도기술연구사업, 항공안전기술개발사업, 무인비행체안전기원기술개발사업, 민수헬기인증기술개발사업 ③ 공통부문 등

주관기관	사업내용
한국산업기술진흥원 (KIAT)	① 공학교육혁신지원사업 ② 청소년창의기술인재센터지원사업 ③ 산업단지캠퍼스조성사업
한국보건산업진흥원	① 보건의료 연구개발 특허연계 컨설팅 지원사업 ② 보건의료기술연구개발사업 ③ 지역 선도의료기술 육성사업

▶ 중앙정부에서 별도 발주하는 연구개발(R&D)과제는 '국가R&D 통합공고'(ntis.go.kr)에서 확인할 수 있다.

나. 기술개발

▶ 중소기업 기술개발 지원사업은 SMTECH 종합관리시스템 (smtech.go.kr)을 중심으로 진행된다.

▶ 중소기업 기술개발 지원사업은 ① 기업주도형, ② 협력형, ③ 정책목적형으로 구분하며, 주요 정책 방향은 다음과 같다.
(출처: 중소벤처기업부, 2021)

(1) 그린·디지털 뉴딜 및 BIG3 등 신산업, 소재, 부품, 장비 및 미드테크 제조 분야까지 혁신성장 유망 중소기업을 중점 지원한다.

(2) 프로토콜 경제기반, 서비스 기술개발 지원, 투자형·후불형 확대, 사회문제 해결을 위한 기술개발 신설 등 도전과 모험을 촉진하는 혁신 생태계를 조성한다.

(3) 컨소시엄 방식의 R&D 지원, 혁신조달 연계지원, 우수혁신 제품 공공조달 강화, 우수기업 사업화 자금과 투자지원 확대, 사업화 기획부터 마케팅까지 패키지 지원 등을 한다.

기술개발 지원사업 현황 I (2021)

구분	세부사업명	내역사업명	중소벤처기업부	전문(관리)기관
기업주도형 R&D	중소기업 기술혁신 개발	수출지향형	기술개발과	중소기업기술정보진흥원 (통합 콜센터 1357)
		시장확대형		
		시장대응형		
		강소기업100		
		소부장 전략		
		소부장 일반		
	창업성장 기술개발	디딤돌		
		전략형		
		TIPS	기술창업과	한국엔젤투자협회 (02-3440-7421)
	글로벌 창업기업 기술개발		기술개발과	
	소상공인 자영업자를 위한 생활혁신형 기술개발		스마트 소상공인육성과	
협력형 R&D	중소기업 상용화 기술개발	구매조건부 신제품개발	기술개발과	중소기업기술정보진흥원 (통합 콜센터 1357)
		중소기업 네트워크형 기술개발		
	산학연 Collabo	산학협력		
		산연협력		
	해외원천기술 상용화 R&D			
	Tech-Bridge활용 상용화기술개발			
	제조중소기업 글로벌 역량강화		기술정책과	

기술개발 지원사업 현황II(2021)

구분	세부사업명	내역사업명	중소벤처기업부	전문(관리)기관
정책목적형	소재부품장비 전략협력기술개발		기술개발과	중소기업기술정보진흥원 (통합 콜센터 1357)
	현장수요 맞춤형 방역물품 기술개발			
	공정품질기술개발		제조혁신지원과	
	스마트센서 선도프로젝트 기술개발			
	제조데이터 공동활용 플랫폼 기술개발		제조혁신정책과	
	스마트서비스 ICT 솔루션 개발		기술정책과	
	산업단지 대개조 지역기업R&D		지역기업육성과	한국산업기술진흥원 (02-6009-3723~4)
	지역특화산업육성+(R&D)			
	해외 인증/규격 적합제품 R&D		기술개발과	중소기업기술정보진흥원
	미세먼지 저감 실용화 기술개발			
	중소기업 연구인력지원		인력육성과	한국산업기술진흥원
	연구기반활용 플러스		기술개발과	한국산학연협회
	중소기업 R&D역량 제고	R&D기획지원		중소기업기술정보진흥원 (통합 콜센터 1357)
		맞춤형기술파트너지원		
		위기지역중소기업 scale-up R&D	지역기업육성과	

▶ 비수도권 시·도 지역주력산업 및 지역 스타기업의 신제품 기술 개발 지원은 아래와 같으며 지역경제 활성화에 이바지하고자 하는 기업은 관심을 가질 만하다.

지역주력산업 현황(2021)

시·도	주력산업	시·도	주력산업
부산	첨단융합기계부품, 지능정보서비스, 친환경미래에너지, 라이프케어	대구	고효율에너지시스템, 디지털의료헬스케어, 수송기기/기계소재부품
광주	지능형가전, 광융합, 스마트금형, 디지털생체의료	울산	저탄소에너지, 스마트조선, 그린모빌리티, 미래화학신소재
대전	차세대무선통신융합, 바이오메디컬, 지능형로봇	강원	천연물바이오소재, ICT융합헬스, 세라믹복합신소재
충북	바이오헬스, 지능형IT부품, 수송기계소재부품	충남	스마트휴먼바이오, 친환경모빌리티, 차세대 디스플레이
전북	스마트농생명식품, 미래지능형기계, 탄소복합소재, 조선해양·에너지	전남	저탄소지능형소재부품, 그린에너지, 첨단운송기기부품, 바이오헬스케어
경북	지능형디지털기기, 첨단신소재부품가공, 라이프케어뷰티, 친환경융합섬유소재	경남	첨단항공, 스마트기계, 나노융합스마트부품, 항노화메디컬
제주	스마트관광, 그린에너지, 청정바이오	세종	스마트시티, 스마트그린융합부품소재

▶ 중소기업의 핵심기술을 보호하기 위한 지원사업은 아래와 같다.

세부사업명	지원내용
기술보호 상담·자문	전문가상담제공, 기술유출신고접수(경찰청 연계)
기술자료 임치제도	기업의 핵심 기술자료 및 영업비밀을 안전하게 보관하여 분쟁 시 활용
임치활용 지원	임치기술 활용 사업화자금 및 기술거래 지원
기술지킴서비스	보안 모니터링(관제) 서비스 및 유출방지 프로그램 무료 제공
기술유출 방지시스템 구축	중소기업 독자적인 보안시스템 구축 비용 지원(선정평가 실시)
기술자료 거래기록 등록시스템	기술거래 과정에서 발생하는 증거자료를 안전하게 보관하여 분쟁 시 활용
중소기업 기술침해 신고·조사	기술침해 피해중소기업의 신고 시 기술침해조사팀에서 직접 조사
기술보호지원반	지역별 기술보호 조직을 구축하여 신속한 피해구제 지원
기술보호 법무지원단	기술탈취·유출 등의 분쟁 소송 관련 법률자문 지원
중소기업기술 분쟁 조정·중재	조정·중재부를 통한 기술 분쟁 해결 및 지원
기술보호 선도기업 육성(시범)	기술보호 역량 수준을 기본역량부터 고도화까지 맞춤형·단계별 지원

창업성장 기술개발

▶ 중소기업기술정보진흥원(TIPA, Korea Technology Information Promotion Agency for SMEs)은 창업성장 기술개발 사업을 전담하는 기관이다.

▶ 중소기업기술정보진흥원(이하 기정원)은 중소·벤처기업들이 디지털 혁명으로 촉발된 지식정보사회에 능동적으로 대응하고, 기술혁신 및 정보화를 통해 혁신역량을 획기적으로 향상시킬 수 있도록 2002년 1월 〈중소기업기술혁신촉진법〉에 근거하여 설립된 중소벤처기업부 산하 위탁집행형 준정부기관이다.

▶ 창업성장 기술개발 사업은 사업성장 잠재력을 보유한 창업기업의 기술개발 지원을 통해 기술창업 활성화 및 창업기업의 성장을 촉진하기 위한 것으로 창업 7년 이하 매출액 20억 원 미만의 기업을 대상으로 한다.

▶ 이 사업은 정부 출연 방식으로, 중소기업 기술개발 자금을 직접 지원하는 내용은 다음과 같다.

(1) 디딤돌창업과제: R&D 첫 수행, 재창업, 여성기업, 소셜벤처, 사회문제 해결 R&D 등 창업 저변 확대형 단기 기술개발을 지원한다.

(2) 전략형창업과제: 4IR, BIG3, 한국형 뉴딜 분야 등 고기술·유망기술 분야 창업기업의 기술개발을 지원한다.

(3) TIPS과제: 액셀러레이터 등 TIPS 운영사(기관)가 발굴·투자한 기술창업팀에게 보육·멘토링과 함께 기술개발을 지원한다.

▶ 기술창업자는 기업에 맞는 과제 분야를 선택하여 기술개발 후 성과를 이룰 수 있도록 한다. 중소기업 기술개발 지원사업의 통합공고 등은 종합관리시스템(SMTECH)에서 이루어진다.

▶ 즉, 종합관리시스템(SMTECH)을 통해 ① 과제신청, ② 과제평가(전자평가, 서면평가), ③ 과제수행, ④ 연구비 집행, ⑤ 연구비 정산 등 전 과정을 진행한다.

네트워크형 기술개발

▶ 중소기업기술정보진흥원이 운영하고 있는 이 사업은 중소기업
의 주도적 역량 확보 및 자립화 기반 마련을 위하여 기업 간의
협력수요가 있는 제품의 R&D 신규과제 개발을 지원하는 사업
이다.

▶ 이 사업은 혁신형 중소기업 중심의 3개 이상 중소기업 네트워
크를 기준으로 하며 2020년 기준 최대 2년, 6억 원(사업비의
80% 한도) 이내 지원하였다.

▶ 이 사업의 주관기관은 ① 기술혁신형 중소기업(이노비즈), ② 벤
처기업, ③ 기업부설연구소 중 1개 이상 보유 중소기업이며, 공
동개발기관은 중소기업에 한정한다.

▶ 신청대상은 자체적으로 네트워크를 구성하고 사업계획서 및 상
호협력계약서 작성을 완료한 과제로 하며, 사업 선정 후 협약
시에 공증은 필수이다.

○ 구성요건은 개발, 생산, 사업화 각 단계의 주도적(보조적) 역할을 수행하는 중소기업과 네트워크를 구성하여 신청한다 (최소 3개 기업).

예시	주관기관: 필수, 기획+개발+@ 공동개발기관1: 필수, 개발+생산+@ 공동개발기관2: 필수, 개발+사업화+@ 공동개발기관N: 필요시
기타	참여기업, 위탁연구기관은 과제 참여 불가(비영리기관 참여 불가)

▶ 주관기관은 〈중소기업기본법〉 제2조의 규정에 의한 중소기업 중 아래의 조건 중 하나를 충족하는 기업이다.

(1) 〈중소기업기술혁신촉진법〉 제2조 3의2항에 의한 기술혁신형 중소기업
(2) 〈벤처기업육성에 관한 특별조치법〉 제2조 1항에 의한 벤처기업
(3) 〈기초연구진흥 및 기술개발지원에 관한 법률〉 제14조 1항 2호에 의한 기업부설연구소 보유기업

▶ 공동개발기관은 기술개발 역량을 보유하거나 개발, 생산, 사업화 각 단계에서 주도적(보조적)으로 고유의 역할을 수행할 수 있는 〈중소기업기본법〉 제2조에 의한 중소기업이다.

▶ 제출 서류는 상호협력 표준계약서, 최근년도 국세청 확정 결산 재무제표, 연구시설·장비 구입 계획서 등이다.

▶ 이 사업의 가점우대 대상은 아래와 같다.

(1) 메인비즈제도

(2) 사업재편승인기업

(3) 사업전환계획 승인기업

(4) 여성기업 확인

(5) 장애인기업 확인

(6) 직무발명보상 우수기업 인증

(7) 소재·부품·장비 강소기업 100 선정기업

(8) 소재·부품·장비 강소기업 100 최종 단계 미선정기업

(9) 아기유니콘 200 육성사업에 선정된 중소기업

(10) 인재육성형 중소기업 지정

(11) WC300 선정기업 중 WC300 전용 R&D 미참여 기업

소프트웨어 고성장클럽

가. 개요

▶ 정보통신산업진흥원이 총괄 운영하는 소프트웨어(SW) 고성장 사업은 SW산업 발전과 제4차 산업혁명 일자리 창출 등 SW기업의 성장동력을 확충하기 위한 맞춤형 지원이다.

▶ 이 사업은 아래와 같이 구분한다.

　(1) SW고성장클럽 200: 예비 고성장, 고성장기업이 직접 설계한 자율과제 이행자금 및 맞춤형 프로그램 지원(비R&D 사업)
　(2) 글로벌 SW전문기업육성: 예비 고성장, 고성장기업이 글로벌 시장에 진출 가능한 기술개발에 대한 지원(R&D 사업)

▶ 이 사업의 지원 절차는 다음과 같다.

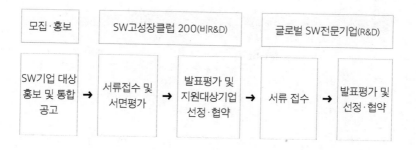

나. SW고성장클럽 200

▶ SW고성장클럽 200 사업(비R&D)의 지원대상은 아래와 같다.

(1) 예비고성장기업: 성장가능성·혁신성·글로벌 지향성이 높으며, 고속성장과 파괴적 혁신을 통해 고성장기업으로 도약하고자 하는 창업 7년 미만의 자사 제품·서비스를 보유한 국내 SW기업이다.

(2) 고성장기업: 성장가능성·혁신성·글로벌 지향성이 높으며, 종사자 10인 이상 기업 중 최근 3년간 연평균 매출증가율 또는 고용성장률이 20% 이상(CAGR값)인 국내 SW기업이다 (상시 종사자 10인 이상, 대표 제외).

▶ SW고성장클럽 200 사업(비R&D)의 선정은 ① 성장 가능성, ② 혁신성, ③ 글로벌 지향성으로 한다(예비고성장 4:3:3, 고성장 3:3:4 비율 평가).

구분	세부 기준	주요 내용
성장 가능성	성장전략계획 적정성	① 성장목표(매출·고용) 도전성 ② 목표달성을 위한 자율과제/지표 설계의 구체성·난이도
	성장잠재성	제품/솔루션 비즈니스 모델, 주요 고객/시장, 투자유치 등 기업 성장 전반의 잠재성
혁신성	기술 혁신성	① 기업이 보유한 지식재산권, R&D 투자 비중, 인증 등 혁신적인 기술 수준 ② 조직구성 등 제반환경, 우수 기술인력 보유현황 수준
	기술 경쟁력	기술 경쟁력, 시장 점유율, 파급력, 확산 가능성 수준
	지속 가능성	기술 고도화 목표/계획의 구체성 및 지속 실현 가능성
글로벌 지향성	글로벌 경쟁력	① 글로벌 비즈니스 모델 확보 수준 ② 글로벌 경쟁사 대비 제품/솔루션 경쟁우위 수준
	글로벌 진출 계획 구체성	① 해외진출 희망 시장에 대한 경쟁제품·서비스 분석/이해 수준 ② 목표시장 설정 구체성, 실현 가능성, 자율과제 연계성
	글로벌 진출 수준	① 글로벌 비즈니스 경험 및 해외 관계사 보유 현황 ② 최근 3년간 해외 매출액 현황 및 목표 수준

다. 글로벌 SW전문기업육성

▶ 글로벌 SW전문기업육성 사업(R&D 지원)은 SW고성장클럽 200
에 선정된 예비 고성장기업의 초기 R&D 및 고성장기업의
Scale-up R&D를 지원하는 것이다.

▶ SW고성장클럽 200에 선정된 중소·중견기업 중 일부를 선정하여 지원한다(예: 예비고성장기업은 상위 15개 내외, 고성장기업은 상위 10개 내외).

▶ 주관기관은 접수 마감일 현재 기업부설연구소 또는 연구전담부서를 보유(접수마감일 기준)하고 있는 법인사업자이어야 한다.

▶ 공동연구기관은 기업, 대학, 연구기관, 연구조합, 사업자단체 등 관련 규정에 해당하는 기관이다.

▶ 선정 기준은 기업이 제출한 사업계획서를 대상으로 추진계획 타당성, 기술성 및 연구개발 수행능력, 경제성 및 사업화 가능성 등을 평가한다.

구분	내용	배점
추진계획 타당성	① 사전준비성/추진계획 구체성 ② 연구개발 목표 명확성	20점
기술성 및 연구개발 수행능력	① 연구개발 목표의 도선성/혁신성 ② 추진체계 적정성 및 연구개발방법 창의성 ③ 총괄책임자/연구팀 능력	50점
경제성 및 사업화 가능성	① 사업화 가능성 ② 시장진입 가능성 ③ 경제성	30점

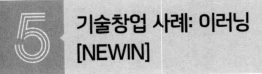

5 기술창업 사례: 이러닝 [NEWIN]

가. 개요

▶ 당사는 2010년 4월에 설립되어 이러닝 통합 솔루션을 제공하는 기업으로, '뉴캠퍼스'를 운영하고 있다.

▶ 교육 등 콘텐츠 관련 인프라 및 소프트웨어를 연구 개발하여 제공하는 에듀테크 기업으로 신제품(서비스) 개발을 통해 계속 진화하고 있다.

▶ 우리은행, 국민은행 등에 차세대 교육시스템을 오픈하였고, 일본, 인도네시아, 베트남 등 해외 진출을 이루고 있다.

나. 기술성(제품)

▶ 당사의 주요 제품(서비스)은 다음과 같다.

(1) Newcampus: 이러닝 서비스를 구축 활용할 수 있도록 인프라 등 제공

(2) nPlayer: 멀티플랫폼 동영상 플레이어

(3) Touchclass: e-Book 기반의 소셜 러닝 솔루션

(4) nTools: 클라우드 기반의 웹 환경에서 콘텐츠를 제작하고, 모바일 앱 형태로도 활용할 수 있다.

▶ 뉴캠퍼스는 교육관리, 매출관리, 사이트관리, 회원관리 등으로 이루어진다.

(1) 교육관리에는 강좌관리, 콘텐츠 보완, 수강관리, 문제 및 과제관리가 있다.

(2) 매출관리에는 주문관리, 적립 및 할인권, 매출통계, 웹 표준결제 등이 있다.

(3) 사이트관리에는 디자인관리, 게시판관리, 형태관리, 요약정보 등이 있다.

(4) 회원관리는 운영관리자, 강사관리자 등으로 구분하여 관리한다.

(출처: 당사 홈페이지 *newin.co.kr*)

▶ 당사 제품의 특성은 아래와 같다.

(1) 교육 콘텐츠를 제공하는 교육기관의 변화에 따라 계속 새로운 서비스를 제공한다.
(2) 최근 온라인교육 강화의 필요성이 확대됨에 따라 고객의 니즈에 맞는 제품 개발이 지속되고 있다.
(3) 특히 비대면 온라인 업무를 추진하는 기업들이 손쉽게 콘텐츠를 제작할 수 있는 솔루션을 제공하고 있다.

다. 사업성(시장)

▶ 에듀테크 시장은 초창기 사이버연수원 등의 형태로 개설되었고, 이러닝, 스마트 러닝 등으로 발전하면서 다양한 콘텐츠 제

공과 편의성 확대를 통해 지속 발전하고 있다.

▶ 더불어 유튜버 등 온라인 콘텐츠 창작자(creator)가 양산되면서 다양한 형태의 저작도구가 개발되고, 활용하는 인원이 더욱 확대되고 있다.

▶ 특히 인공지능, 빅데이터, 블록체인 등 데이터와 소프트웨어를 기반으로 학습자에 대한 분석과 의사소통, 정보관리를 쉽게 함으로써 학습 성과를 제고시키는 방향으로 진화하고 있다.

▶ 세계 교육 시장은 2020년 6조 5천억 달러 수준에서 2025년 8조 1천억 달러, 2030년에는 10조 달러에 달할 것으로 전망하고 있고, 이 중 에듀테크 시장은 2018년 1,530억 달러에서 2025년 3,420억 달러의 시장 규모를 형성할 것으로 예측한다.

라. 기술창업 착안점

▶ 교육 분야에 대한 글로벌 벤처캐피털 투자 추세를 보면 2018년에는 전년 대비 2배에 달하는 급격한 성장을 보이고, 2019년 투자금액은 70억 달러에 달하는 것으로 보고되고 있다.

▶ 국가별로 2014년까지는 미국이 벤처투자를 주도했다고 해도

과언이 아니며, 2015년부터는 중국이 글로벌 벤처투자를 주도하고 있다. 지난 10년 동안 교육부문 글로벌 벤처투자의 약 50%를 중국이 차지하고 미국이 33%, 유럽과 인도가 각각 5%를 차지하고 있다.

▶ 최근 COVID-19 사태로 인해 대학교 등에서 배우고 가르치는 일상의 모든 방식이 비대면(untact)으로 추진되고 있다. 초·중등학교 및 대학교뿐만 아니라 많은 기업이 비대면 교육으로 전환하고 있는 상태에서 에듀테크 시장은 더욱 확대될 것으로 보인다.

※ 사례연구는 공개된 자료원을 토대로 작성된 것으로, 본문의 구체적인 사안과 관계없이 독립적으로 서술되었으며 기술창업 착안점 등은 필자의 견해가 반영되어 실제 기업의 사실과 차이가 있을 수 있음.

제4장

융자자금
(사례연구: 워치페이스)

창업자는 창업 초기에 기술개발과 시제품 제작을 위해서 정부지원사업에 큰 관심을 갖는 것이 사실이다. 정부지원사업을 통해 시제품을 완성한 다음 제품(서비스)의 양산을 위해 정책융자자금을 신청하게 된다. 금융기관으로부터 직접 운전자금 등을 조달하면 좋으나, 창업기업의 경우 신용상태가 부족하여 불가능한 경우가 많다. 정책융자자금을 지원하는 기관은 중소벤처기업진흥공단, 보증기관 등이 있으며, 보증기관은 대출보증을 통해 창업기업이 대출을 받을 수 있도록 지원하고 있다. 특히, 보증기관은 기술개발 가능성이 있는 창업기업에 선제적 보증지원을 하여 기업의 성장과 발전을 돕고 있다.

1. 직접금융

가. 개요

▶ 중소벤처기업진흥공단(이하 중진공)은 기업의 성장단계별 특성과 정책 목적에 따라 세부 융자자금으로 구분하여 운영한다.

구분	창업기	성장기	재도약기
지원방향	① 창업 및 시장진입 ② 성장단계 디딤돌	성장단계진입 지속성장	① 재무구조개선 ② 정상화/퇴출/재창업
지원사업	① 혁신창업사업화 - 창업기반지원 - 일자리창출촉진 - 미래기술육성 - 고성장촉진 - 개발기술사업화 ② 투융자복합금융 - 이익공유형	① 신성장기반 - 혁신성장유망 - 제조현장스마트화 ② 투융자복합금융 - 성장공유형 - 스케일업금융 ③ 신시장진출지원자금 - 내수기업의 수출기업화 - 수출기업의 글로벌기업화	재도약지원 - 사업전환(무역조정) - 재창업 - 구조개선전용
	긴급경영안정자금 - 일시적애로및재해/일반경영안정지원		

▶ 개별기업당 융자 한도는 중소벤처기업부 소관 정책자금의 융자 잔액 기준으로 60억원(수도권을 제외한 지방소재기업은 70억원)까지이다.

▶ 정책자금 기준금리(분기별 변동금리)에 사업별 가감금리를 적용하며, 기업별 신용위험등급, 담보종류 등에 따라 금리를 차등한다.

  (1) 사업별 기준금리 등 세부사항은 사업별 정책자금 융자계획에서 규정한다.
  (2) 시설자금 직접대출의 경우 사업별로 고정금리 적용이 가능하다(단, 협동화 및 협업사업 승인기업 지원은 제외).
  (3) 기존 대출기업도 정책자금 기준금리 변동에 따라 대출금리가 변동되며(일부 자금 제외), 대출금리는 정부 정책에 따라 변경이 가능하다.
  (4) 분기별 정책자금 기준금리는 중진공 홈페이지(kosmes.or.kr)에서 공지한다.

▶ 아래의 경우 대출금리 차감 또는 이자환급을 통해 금리를 우대한다.

  (1) 시설자금 대출기업: 대출금리 0.3%p 차감
  (2) 사회적경제기업, 소재·부품·장비 중기부 선정 강소기업

100, 일자리창출촉진자금 대출기업: 대출금리 0.1%p 차감

(3) 고용창출기업: 고용창출 1인당 0.2%p(최대 2%p) 이자 환급

- 정책자금 대출월 포함 3개월 이내 1인 이상 고용창출한 기업

  (시설자금 지원기업은 3개월 이내 추가고용이 없는 경우 6개월 이내

  고용실적 인정 가능)

(4) 수출 성과기업: 1년간 0.3%p 이자 환급

- 신시장진출지원자금 대출 후 수출성공 또는 수출향상 기업

나. 자금조달 실행

▶ 중진공 융자방식은 융자신청 및 접수 후에 융자대상을 결정하고, 중진공(직접대출) 또는 금융회사(대리대출)에서 신용, 담보부 대출을 실행한다.

▶ 중진공 융자자금은 아래와 같이 세부사항을 선택한다.

(1) 혁신창업사업화자금: 창업기반지원, 일자리창출촉진, 미래 기술육성, 고성장촉진, 개발기술사업화

(2) 투융자복합금융자금: 성장공유형, 스케일업금융

(3) 신시장진출지원자금: 내수기업의 수출기업화, 수출기업의 글로벌화

(4) 신성장기반자금: 혁신성장지원(협동화, 산업경쟁력 강화 등), 제

조현장 스마트화

(5) 재도약지원자금: 사업전환(무역조정, 사업재편 등), 구조개선전용, 재창업

(6) 긴급경영안정자금: 재해, 일시적경영애로, FTA 전용

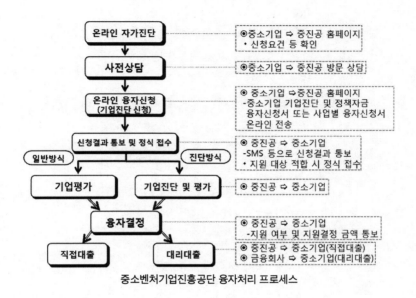

중소벤처기업진흥공단 융자처리 프로세스

▶ 정부 융자자금 신청은 조기 마감되는 경향이 있으며, 신청기업은 기존 양식에 의거 최근 3개년 및 향후 3개년의 매출액과 수출액, 상시 직원(기술직, 생산직 포함) 등을 구분하여 정리해둘 필요가 있다.

▶ 매출실적은 매출처별로 최근 1년을 기준으로 거래 비중이 높은 순으로 정리하고, 매출실적이 없는 경우는 향후 매출 예상

액을 기준으로 아래 사항을 정리한다.

○ 거래처명, 거래품목, 사업자등록번호, 거래 비중(%), 연간 거
  래액, 거래 기간, 거래 조건(외상, 현금), 외상 결제 기간 등

▶ 신청기업의 주요 생산제품 등은 아래 내용을 참고하여 작성하
  고, 적합한 분석 도구를 활용하여 점검한다.

구분	내용
제품(서비스) 개요 (3C 분석, STP 분석)	① 당사의 제품(서비스)이 어느 산업군에 속해 있는지를 설명한다. ② 소비자는 누구이며, 제품의 용도와 특성은 무엇인지 설명한다. ③ 제품 판매 방식이 B2B, B2C, B2B2C 등 어디에 해당하는지 등을 설명한다. ④ 제품(서비스)의 차별성, 혁신, 기술성 등을 설명한다.
제품생산 공정도 (4P 분석)	① 제품 생산공정을 5~7단계 이내로 정리하여 표현한다. ② 위탁가공이 있는 경우에 이를 생산공정에 약식 표현한다. ③ 서비스의 경우 공급하는 프로세스를 작성하여 표현한다.
시장규모 현황 (5 Force 분석)	① 당사 제품이 속해 있는 시장의 규모를 제시한다. ② 적합한 자료가 없는 경우 상위 시장 또는 전방위 시장의 규모를 조사하고, 당사 제품이 차지하는 비율로 추산한다. ③ 제품(서비스)의 주요 수요처를 정리하되 카테고리별로 설명한다. ④ 경쟁업체 현황을 조사하여 대비하되 틈새시장의 차별성을 강조한다.
기술품질 경쟁력 (SWOT 분석)	① 국내외 경쟁사 제품을 설명하고 당사의 차별성, 혁신성을 설명한다. ② 당사의 기술, 품질, 가격 등을 비교하여 경쟁우위에 있음을 강조한다. ③ 당사의 강점, 약점과 시장의 기회, 위협요인 등을 분석하여 설명한다.
기타 내용	① 당사 제품(서비스)의 수요를 전망하고 판매계획을 제시한다. ② 당사의 중기, 장기 계획으로 구분하여 단계별 추진 일정을 제시한다.

다. 사업계획 제출 등

▶ 융자자금이 활용될 사업의 계획을 정리한다. 사업의 내용에는 기술개발, 사업 다각화, 신제품개발 등이 있을 수 있으며, 통상 1년 이내에 자금이 사용될 사업계획을 제시한다.

▶ 사업계획에서는 목적, 추진 일정, 세부내용, 기대효과 등을 설명하고, 자금 소요 계획과 조달(본건 포함) 계획을 제시한다.

(1) 자금(투자)신청의 주요 내용과 목적(개발기술사업화자금은 사업화 내용)을 기술하고, 별도로 작성한 사업계획서가 있는 경우에는 이를 첨부한다.

(2) 정책자금을 활용한 설비투자(또는 대체·증설 등) 및 운전자금 지원 후 생산공정의 개선, 생산성 향상, 원가절감 및 불량감소 등에 대해 금액 또는 비율을 사용하여 기대효과를 기술한다(향후 2~3년의 사업계획 등).

▶ 자금 소요계획은 운전자금과 시설자금으로 구분하고, 운전자금은 원부자재 구매비용, 생산비용, 판촉비용, 인건비 등이 있다.

(1) 지원사업 종류에 따라 운전자금의 일부가 조정되거나 융자 대상에서 제외될 수 있다.

(2) 개발기술사업화 자금의 융자범위는 개발된 기술의 사업화

에 소요되는 자금(개발기술제품 양산 관련 원부자재 구매·생산 및 시장개척 비용 등)에 한하며, 융자금액은 해당 융자 후 1차 년도 추정매출액 또는 해당제품의 연간 매출액을 기준으로 산정한다.

▶ 시설자금 소요계획은 당해 물건의 견적금액을 중심으로 작성 한다.

(1) 시설자금의 경우 시설자금 신청기업 특약사항 확약서 작성 은 필수이다.

(2) 토지구입비 대출일로부터 6개월 이내 사업장 건축 미착공 시 해당 대출금은 조기 상환해야 한다.

(3) 정책자금 지원 시설물의 전부임대, 부분임대, 장기간 방치 등 목적 외 사용 시 대출금 조기 상환, 약정 해지, 향후 3년 간 정책자금 신청 제한 및 지원예정금액에 대한 대출 금지 등으로 제재한다.

▶ 자금조달 계획은 당해 융자금액, 추가 차입금, 투자유치 금액, 자체자금 등으로 구분하여 서술한다.

○ 지식재산권 매입 등 투자자금 신청기업은 별도 사업계획서 를 작성한다.

가. 개요

▶ 신용보증기금(이하 신보)의 설립목적은 담보능력이 미약한 기업의 채무를 보증하여 자금융통을 원활히 하고, 신용정보의 효율적인 관리와 운용을 통해 건전한 신용질서를 확립하여 균형 있는 국민경제의 발전에 이바지하는 것이다(신용보증기금법).

▶ 신보는 기금관리형 준정부기관으로 ① 신용보증, ② 보증연계투자, ③ 경영지도, ④ 신용조사 및 신용정보의 종합관리, ⑤ 구상권의 행사, ⑥ 신용보증제도의 조사·연구 등을 주요업무로 한다.

▶ 주요 보증상품은 ① 일반운전자금, ② 창업 및 구매자금, ③ 시설자금, ④ 지식재산보증 등이 있으며, 특화된 보증상품으로 ⑤ 이행보증 등 비금융상품, ⑥ 사회적경제기업 보증, ⑦ M&A 보증, ⑧ 고용창출기업 보증, ⑨ 수출중소기업 보증 등이 있다.

나. 자금조달 실행(퍼스트펭귄)

▶ 기술혁신성장 창업기업에 적합한 보증상품은 '퍼스트펭귄형 창업기업 보증'이며, 혁신스타트업용 사업계획서를 작성한다.

▶ 해당 보증은 창업 후 5년 이내의 창조적 아이디어와 기술력을 보유한 유망창업기업 중 미래성장성이 기대되는 핵심 창업기업을 별도로 발굴·선정하여 최대 30억 원까지 우대 지원하는 제도이다.

구분		1차 연도	2차 연도	3차 연도
기업설립		창업 후 5년 이내		
대상기업		제조업 또는 신성장동력산업 영위기업, 유망서비스 부문 대상 업종 중 신보의 '퍼스트펭귄기업 창업유형별 평가'결과 80점 이상		
보증한도	총한도	총지원 가능한도 30억 원		
	신규설정	3년간 지원 한도 → Min(30억 원, 3년차 추정매출액의 1/2)		
	연차별	Min (20억 원, 1년차 추정 매출액, 소요자금)	Min (25억 원, 2년차 추정 매출액)	Min (30억 원, 3년차 추정 매출액의 1/2)
보증료율		0.7% (고정보증료율)		
보증비율		100%	95%	90%
비금융지원		① 투자옵션부보증, 보증연계투자 요청 시 우선 지원 ② 유동화회사보증 취급 시 편입·금리 우대 ③ 전문 경영컨설팅 및 Job-Matching 서비스 제공		

(출처: 신용보증기금 홈페이지 kodit.co.kr)

▶ 대상기업은 창업 후 5년 이내의 '유망창업기업 성장지원 프로그램' 적용대상 기업 중 아래 요건을 모두 충족하는 기업을 대상으로 하며, 영업본부 심의위원회 심의를 거쳐 퍼스트펭귄기업으로 최종 선정된 기업이다.

(1) 사업개시일로부터 보증신청 접수일까지의 기간이 5년 이내인 유망창업기업
(2) 제조업, 신성장동력산업, 유망서비스 부문 대상 업종 중 어느 하나에 해당하는 산업을 영위하는 기업으로 신보의 '퍼스트펭귄기업 창업유형별 평가'점수 80점 이상인 기업

지원 절차

대상기업 발굴		심사 평가 선정		지원계획 수립
추천(영업점) 자체발굴 공모	→	서류 접수 심사 현장 평가 최종 심사	→	경영목표 협의 확정 보증 한도 설정 세부지원계획 확정

▶ 이 상품의 우대사항은 아래와 같다.

(1) 보증료는 0.7%의 고정보증료율을 적용하고, 보증비율은 1차 연도 100%, 2차 연도 95%, 3차 연도 90%를 적용한다.
(2) 비금융 우대사항으로 전문 경영컨설팅, 잡매칭, 투자옵션부보증, 보증연계투자 등을 우선 지원하고, 유동화회사보증 취

급시 편입·금리를 우대한다.

▶ 전담조직인 신보 스타트업지점은 아래와 같다.

지역	지점	지역	지점
서울서부 (제주, 경기 일부 포함)	서울서부스타트업 지점	**충청지역**	대전스타트업지점
서울동부 (강원, 경기 일부 포함)	서울동부스타트업 지점	**대구·경북지역**	대구스타트업지점
경기지역	경기스타트업지점	**부산·경남지역**	부산스타트업지점
인천지역 (경기 일부 포함)	인천스타트업지점	**호남지역**	광주스타트업지점

다. 사업 추진계획 등

▶ 사업 추진계획은 아래의 세부사항들을 참조하여 기술한다.

(1) 경영진 역량: 경영진의 경험, 전문성, 경영철학, 기업가정신 등
(2) 제품(서비스)의 주요 내용: 제품(서비스) 또는 비즈니스모델의
    개요, 특성, 핵심기술, 기술개발 내용 및 과정
(3) 시장분석: 시장규모, 주요 수요처, 동업종 경쟁상황, 경쟁업
    체 현황, 규제 및 지원내용 등
(4) 기술 및 품질 경쟁력: 연구개발 능력, 기술 및 품질의 차별

성, 국내외 경쟁사 제품과 기술, 품질, 가격 비교 등
(5) 향후 계획: 개발완료 및 제품화 시기, 제품(서비스)의 사업화
실현 계획, 설비도입, 양산착수, 판매 등의 계획, 향후 매출
전망 및 수익 창출 계획

▶ 우대받을 수 있는 인증 및 수상실적은 아래와 같다.

구분	내용
규격	KS(한국산업표준규격), JIS(일본공업규격), UL(미보험자협회안전규격), CE(유럽안전규격), CSA(캐나다표준협회)
인증	QS-9000, ISO품질인증(9000), ISO환경인증(14000), NT(신기술), EM(자본재우수품질), GD(우수디자인), AS(사후봉사우수기업), GR(우수재활용제품), GQ(중소기업우수제품), 100PPM, 싱글PPM, IT마크(우수신기술인증), KT마크(국산신기술인증), K마크(품질인증), 환경마크, 검마크, Q마크(품질보증), E마크, FILK마크(방재시험연구원인증), NET(신기술인증-IT, KT 마크 포함), NEP(신제품인증-NT, EM 마크 포함)
혁신형 기업	경영혁신형중소기업, 벤처기업, INNO-BIZ기업
정부, 공공기관 등	IR52장영실상, 대한민국 엔지니어상(한국산업기술진흥협회), 대한민국 신기술대상(산업통상자원부), 특허기술상(특허청), 중소기업대상, World Class 300(중소벤처기업부), 대한민국벤처 창업대전, 대한민국 창업리그 전국본선 이상(창업진흥원) 등
민간기관	대한민국 소프트웨어대상(한국소프트웨어산업협회), 다산기술상, 멀티미디어 기술대상(한국경제신문사), 벤처기업상(한국종합기술금융), 대한민국 최고과학 기술인상(한국과학재단), 젊은 과학자상(한국과학기술한림원) 등

라. 연구개발 계획

▶ 연구개발 자금으로 지출하는 경우에는 적정한 연차별 수행계획을 수립해야 하며, 기술개발 단계부터 시제품 제작에 드는 자금 계획을 수립한다.

▶ 연차별 사업 수행계획 및 자금 소요계획을 아래 사례를 참조하여 작성한다.

연차별 사업 수행계획(사례)

구분		내용
1차년도	수행기간	2021. 01. 01. ~ 2021. 12. 31. (12개월)
	수행계획	정부 지원 자금으로 제작한 시제품 MVP 버전을 개발하고 생산함
2차년도	수행기간	2022. 01. 01. ~ 2022. 12. 31. (12개월)
	수행계획	신제품의 양산 체계를 수립하고 자가 생산 기반을 조성함

구분		1차년도	2차년도	작성근거
		(단위: 백만 원)		
자체 연구 개발비	인건비	240	360	① 인건비 - 1차 2백만 원 × 10명 × 12개월 - 2차 2백만 원 × 15명 × 12개월 ② 연구기자재비 ③ 재료비
	연구기 자재비	100	200	
	재료비	40	60	
	기타	-	-	
위탁연구개발비		150	200	공공 연구기관에 위탁연구 의뢰
시제품 제작비 등		-	-	
계		530	820	

* 상기 수치는 단순 참조용이며, 대출이자 지원을 요청하는 경우는 예상 대출 전체에 대해 대출기한까지 발생할 이자 등을 산정함.

마. 추정매출액 등

▶ 추정매출액 및 고용창출은 합리적인 근거를 가지고 다음과
같이 작성하며, 필요한 경우 현장 실사에서 세부 내역을 제시
한다.

매출 추정 및 고용창출(사례)

구분		1차년도	2차년도	3차년도
		2021년 1월~12월	2022년 1월~12월	2023년 1월~12월
매출 추정*	추정매출액	1,500백만 원	2,200백만 원	3,000백만 원
	품목별 매출액 — 품목명	세부매출	세부매출	세부매출
	제품판매	1,260백만 원	1,420백만 원	1,900백만 원
	부수업무	180백만 원	560백만 원	800백만 원
	기타업무	60백만 원	220백만 원	300백만 원
고용 창출	각 차년도말 예상 상시근로자수	15명	20명	25명

* 상기 수치는 단순 참조용으로 창업기업의 매출 추정근거 등에 의해 작성함.

▶ 정책융자자금에서 정책적으로 중점 지원하는 분야는 ① 혁신 성장 분야, ② 그린 분야, ③ 비대면 분야 등이 있다.

가. 혁신성장 분야

▶ 혁신성장 분야(2.5차 개정)는 9대 테마, 46개 분야, 306개 품목 으로 구성되며, 혁신성장 분야 해당 여부는 현장 확인을 통해 판단한다.

구분	분야
첨단제조 자동화	신제조공정, 로봇, 항공·우주, 차세대동력장치
화학 신소재	차세대, 전자소재, 고부가 표면처리, 바이오 소재, 융복합 소재, 다기능 소재
에너지	신재생에너지, 친환경발전, 에너지저장, 에너지 효율 향상
환경 지속가능	스마트팜, 환경개선, 환경보호
건강 진단	생체조직재건, 친환경소비재, 차세대 치료, 차세대 진단, 유전자연구 고도화, 첨단영상진단, 맞춤형 의료, 스마트 헬스케어, 첨단외과수술
정보통신	차세대 무선통신미디어, 능동형 컴퓨팅, 실감형 콘텐츠, 가용성 강화, 지능형 데이터 분석, 소프트웨어

구분	분야
전기 전자	차세대 반도체, 감성형 인터페이스, 웨어러블 디바이스, 능동형 조명, 차세대 컴퓨팅
센서 측정	감각센서, 객체탐지, 광대역측정
지식서비스	게임, 영화/방송/음악/애니메이션/캐릭터, 창작공연전시, 광고, 디자인, 고부가서비스, 핀테크

나. 그린 분야

▶ 그린 분야는 10개 대분류, 93개 중분류, 428개 소분류로 구성되며, 〈저탄소 녹색성장 기본법〉 제32조 및 〈녹색인증제 운영요령〉 제27조에 따른 '녹색기술인증' 보유 기업을 말한다.

(출처: 녹색인증 홈페이지 greencertif.or.kr)

구분	분야
환경산업	자원순환관리, 물관리, 환경복원 및 복구, 기후대응, 대기관리, 환경안전·보건, 지속가능 환경·자원, 환경지식·정보·감시
녹색기술(인증)	신재생에너지, 탄소저감, 첨단수자원, 그린IT, 그린차량선박·수송기계, 첨단그린주택·도시, 신소재, 청정생산, 친환경농수산식품 및 시스템, 환경보호 및 보전 분야
그린뉴딜	① 첨단제조·자동화: 신제조공정, 로봇, 차세대동력장치 ② 화학·신소재: 바이오소재 ③ 에너지: 신재생에너지, 친환경발전, 에너지저장, 에너지효율향상 ④ 환경·지속가능: 스마트팜 환경개선, 환경보호 ⑤ 건강·진단: 친환경소비재, 차세대치료 ⑥ 정보통신: 실감형콘텐츠 ⑦ 전기·전자: 능동형조명 ⑧ 센서·측정: 객체탐지

다. 비대면 분야

▶ 비대면 분야 해당 여부는 보증기관의 현장 확인 후 판단한다.

구분	분야
스마트 헬스케어	웨어러블, 원격의료(진단·치료), 병원·의료 관련 플랫폼
교육	온라인 교육시스템, 온라인 교육컨텐츠
스마트 비즈니스 및 금융	원격근무, 화상시스템, 온라인 홍보, 고객응대, 스마트 금융
생활소비	온라인 소비재(식품 등) 제조판매, 생활중개 플랫폼, 스마트 상점, 전자상거래
엔터테인먼트	게임, 콘텐츠, 소통, 여행·숙박·장거리이동
물류·유통	물류 플랫폼, 배송대행, 드론·무인기, 자율차
기반기술	빅데이터, AI, 가상현실(AR/VR), 클라우드, 로봇, 사물인터넷(IoT), 지능형/차세대 반도체, 5G, 정보보안

유동화회사보증

▶ 보증기관은 중소·중견기업이 회사채 발행 등을 통해 직접금융 시장에서 자금을 조달할 수 있도록 하는 보증제도를 운용하고 있다.

▶ 자산유동화증권(Primary-CBO)은 신용등급이 낮아 개별적으로 시장에서 유통되기 어려운 신규 회사채를 기초자산으로 풀링(pooling)하여, 보증기관이 신용보강을 통해 리스크를 줄인 유동화회사(SPC)가 발행한 증권(회사채)을 말한다.

▶ 개별(편입)기업이 발행하는 회사채 등을 유동화회사(SPC)가 매입하여 유동화자산(기초자산)을 구성한 후, 이를 기초로 유동화증권을 발행하고 개별(편입)기업은 회사채 발행대금을 수취하여 추후 원리금을 상환한다.

▶ 개별(편입)기업의 편입 한도(지원금액)는 영위하는 업종에 따라 아래 매출액 한도, 자기자본 한도, 차입금 한도로 구분하여 적은 금액으로 지원한다.

(출처: 신보 업무가이드, 2020)

매출액 기준 편입 한도

업종	중견기업 회사채등급	중소기업 종합신용등급	편입 한도
제조업, 제조 관련 서비스업, 지식기반 서비스업	BB+등급 이상	K6등급 이상	최근 1년간 매출액(또는 당기 매출액)의 1/3, 또는 최근 4개월 매출액
	BB등급 이하	K7등급 이하	최근 1년간 매출액(또는 당기 매출액)의 1/4, 또는 최근 3개월 매출액
그 밖의 업종	BB+등급 이상	K6등급 이상	
	BB등급 이하	K7등급 이하	최근 1년간 매출액(또는 당기 매출액)의 1/6, 또는 최근 2개월 매출액

자기자본 및 차입금 기준 편입 한도

구분	편입 한도
자기자본 기준	회사채등급 BB(신보의 종합신용등급 K7)이하인 기업의 경우 자기자본의 3배 이내
차입금 기준	신청 편입금액을 포함한 총차입금이 당기매출액 또는 최근 1년간 매출액 범위 이내

▶ 보증기관이 유동화회사보증을 이행하는 2가지 형식은 ① 대출 보증 형식의 보증, ② 권면보증 형식의 보증이며, 개별(편입)기업 이 약정 체결할 때 이에 대해 유의할 필요가 있다.

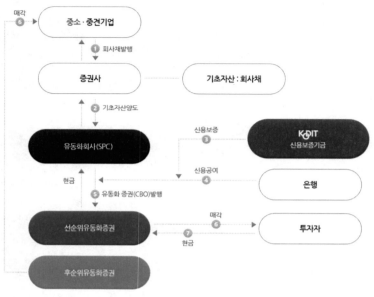

(출처: 신보 홈페이지 *kodit.co.kr*)

▶ 한국주택금융공사법 시행령에 따른 유동화회사보증규정에서 유동화회사보증은 편입기업 연대보증인의 입보를 생략하고 있으나, 보증기관은 신청기업을 사실상 지배하는 대표자를 연대 입보(인적보증)하도록 하고 있다.

▶ 정책융자자금은 일반 차입금이므로 기한 내 원리금 상환이 이루어져야 한다. 따라서 창업기업은 정부지원사업을 통해 충분히 기술개발 및 신제품 개발을 이행하고 매출수익금으로 원리금 상환이 가능할 때 정책융자자금을 추진하는 것이 바람직하다.

기술창업 사례: 워치페이스 [APPOSTER]

가. 개요

▶ 당사는 2010년 8월에 설립되어 소프트웨어 개발 공급업을 영위하고 있으며, 삼성 넥스트 기어의 메인 파트너로 스마트워치 페이스(시계 화면)를 제작하는 Mr. Time Maker를 출시하였다.

▶ 2015년경에 출시한 Mr. Time Maker는 삼성 기어S3 등 스마트 워치 페이스를 선택할 수 있고, 나만의 시계 화면을 꾸밀 수 있는 플랫폼이다.

▶ 워치페이스 플랫폼인 미스터타임을 통해 시계 화면의 디자인과 기술을 결합한 사업을 영위하고 있으며, 스마트워치의 스트랩 등을 생산 판매한다.

나. 기술성(제품)

▶ 당사는 스마트워치의 가죽 스트랩을 판매하고, 워치페이스 플랫폼인 미스터타임을 동시에 서비스하는 국내 유일의 기업이다.

▶ 당사는 패션 분야인 워치스트랩과 디지털콘텐츠인 워치페이스를 동시에 제공하는 기업이다. 워치스트랩은 인하우스 디자인팀을 두고 국내에서 모두 고품질로 생산하며, 워치페이스 디자인은 콘텐츠개발팀에서 전담한다.

(출처: 당사 홈페이지 apposter.com)

다. 사업성(시장)

▶ 스마트워치 스트랩과 워치페이스 디자인을 제공하는 당사는 스마트워치 시장의 성장과 함께 2020년도 전년 대비 2배 가까이 성장했다.

▶ 특히 콜롬보, 메종미츠네, 아크메드라비 등 국내외 유명 브랜드와 협업하여 스마트워치 스트랩과 워치페이스 생산의 협업을 진행하여 패션업계의 주목을 받고 있다.

▶ 스마트워치 스트랩을 구매하면 그 스트랩 디자인에 맞는 삼성 갤럭시의 워치페이스를 무료로 내려받을 수 있는 서비스를 제공한다.

▶ 즉 스마트폰의 케이스를 교체하는 것처럼 워치스트랩을 사용자의 기분과 취향에 따라 수시로 바꾸는 스마트워치 사용자들을 공략하는 것이다.

▶ 워치페이스 플랫폼인 미스터타임은 2020년 다운로드 수 300만 명을 돌파했으며, 이중 절반 이상은 북미에서 이용하였고 국내에서도 최근 사용자가 빠르게 증가하고 있다.

▶ 최근에는 3개월마다 주기적으로 새로운 워치스트랩을 보내주

는 구독 시스템을 도입해 마니아층을 확보하고 있다.

라. 기술창업 착안점

▶ 최근 웨어러블 기기에 대한 소비자의 니즈가 증가하고 있다. 자신의 개성을 마땅히 표현할 수 없는 소비자들은 나만의 창작을 통해서 독창적인 개성을 표현하고자 한다.

▶ 스마트폰의 보급에 이어 스마트폰과 연동되는 스마트워치가 주목을 받고 있다. 웨어러블 스마트워치는 각종 센서 기술을 이용하여 헬스케어 등 다양한 기능을 제공한다.

▶ 더불어 블루투스 기능을 이용하여 스피커 통화를 간편하게 이용할 수 있고, 전화번호 검색, 일기예보, 건강관리, 운동량 측정, 맥박 수 측정 등도 제공하고 있다.

▶ 이처럼 스마트워치는 세계 어디서나 사용이 가능한 것으로, 글로벌 스마트워치 페이스 소비자는 계속 증가할 것으로 기대한다.

※ 사례연구는 공개된 자료원을 토대로 작성된 것으로, 본문의 구체적인 사안과 관계없이 독립적으로 서술되었으며 기술창업 착안점 등은 필자의 견해가 반영되어 실제 기업의 사실과 차이가 있을 수 있음.

제5장

투자유치(엔젤)
(사례연구: 모바일 게임)

창업자는 신규 개발한 제품(서비스)의 매출실적이 실현되는 단계에서 부족한 운전자금을 투자유치를 통해서 조달하고자 한다. 시드머니 단계의 투자유치는 그나마 계약조건이 단출할 수 있으나, 그 이상의 시리즈 투자는 사실 창업자가 단기간에 의사결정할 수 있는 것은 아니다. 대표적인 투자유치 유관기관으로는 한국엔젤투자협회와 한국벤처캐피탈협회가 있다. 벤처확인제도가 중소벤처기업진흥공단, 기술보증기금 등 공공기관 주관에서 민간 주관으로 전환됨에 따라 시드머니 투자유치는 더욱 중요해졌다. 막막한 투자유치 접근방안을 벤처 투자마트를 통해 제시해보고자 한다.

1 ▶ 의의

▶ 엔젤투자자

  (1) 아이디어와 기술력은 있으나 자금이 부족한 예비창업자, 창업 초기 단계(Early Stage)의 기업에 투자하고 경영 자문도 하면서 성공적으로 성장시킨 후 투자 이익을 회수하는 개인투자자들을 지칭한다.
  (2) 개인 단독, 혹은 자금력이 있는 개인들이 모여 결성한 투자 클럽은 창업기업에 대해 미래의 가능성을 보고 자신의 책임으로 직접 투자한다.

▶ 한국엔젤투자협회는 창업 활성화와 엔젤투자자를 지원하는 기관으로 ① 엔젤투자자 육성, ② 엔젤투자자와 창업기업 네트워크 구축, ③ 엔젤투자 저변 확대, ④ 창업기업의 성장 지원, ⑤ 선순환 벤처투자 생태계를 조성하여 국가 경제성장에 이바지한다.

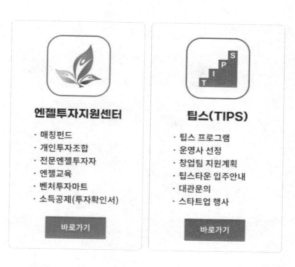

▶ 엔젤투자지원센터의 역할 등은 아래와 같다.

(1) 전문엔젤투자자와 성공 벤처기업인을 중심으로 건전하고 공신력있는 엔젤투자 문화를 조성하기 위해 2012년 중소벤처기업부로부터 위탁받아 한국엔젤투자협회 부설로 설치 및 운영되고 있다.

(2) 엔젤투자지원센터는 엔젤투자 네트워크 구축, 전문엔젤투자자 및 엔젤클럽 등록·관리, 엔젤투자 교육, 투자지원 및 사후관리, 엔젤투자 매칭펀드 접수 등 엔젤투자 활성화 및 창업 초기기업의 투자유치와 종합적인 지원 업무를 수행하고 있다.

▶ 또한, 홈페이지에서는 엔젤투자와 관련한 다양한 정보를 제공

하고 엔젤투자자와 창업기업 간 온라인 교류가 가능하도록 하며, 특히 커뮤니티 페이지에서는 엔젤투자자 간 정보공유가 활발히 이루어지도록 한다.

▶ 엔젤투자 매칭 펀드는 엔젤투자자 및 엔젤클럽 육성을 통한 창업활성화 기반을 구축하고 초기기업의 지분격차(Equity Gap)를 보완하여 건전한 벤처생태계 선순환 환경을 조성한다.

(출처: 엔젤투자지원센터)

▶ 일자리 매칭 펀드는 일자리 창출 우수 중소·벤처기업을 대상으로 기관투자자와 매칭의 방식으로 투자하는 펀드이다.

가. 엔젤클럽

▶ 엔젤클럽에 가입한 시점부터 180일 이상 경과한 후 투자를 했거나, 한국엔젤투자협회가 실시하는 적격엔젤양성과정을 이수한 자로 한다(2인 이상 공동투자 시 1인당 최소 1천만 원 이상, 합계 3천만 원 이상 투자).

신청접수	>	(1차) 적격 확인	>	(2차) 본심사	>	(3차) 투자심의회
- 매칭투자신청서류 접수		**투자 적격요건 확인** - 고용성과 등 투자대상 기업 해당 여부 확인 - 일자리 창출 성과 및 향후 계획 검토		**투자 적격요건 확인** - 매칭투자기업, 기관투자자 대상 면담/현장 실사 - 심사보고서 작성		- 일자리 창출 성과가 우수하고, 새로운 일자리 창출이 기대되는 기업을 선정

▶ 엔젤클럽 요건은 아래와 같다.

(1) 회장, 총무 등 조직을 갖추고 최소 5인 이상의 회원을 확보

(2) 적격 엔젤투자자 1인 이상 또는 투자교육(전문엔젤 또는 적격

엔젤) 이수자 중 한국엔젤투자협회가 추천하는 자 2인 이상
을 회원으로 확보

(3) 분기별 1회 이상 클럽활동 보고(등록 후 3개월간 적용 배제)

(4) 연 1회 이상 투자실적 5천만 원 이상 유지(등록 후 1년간 적용
배제)

나. 개인투자조합

▶ 벤처기업육성에 관한 특별조치법 제13조에 따라 결성되어 중
소벤처기업부에 등록한 조합이다(엔젤투자지원센터 등록 필요).

▶ 이 조합의 목적은 유망한 벤처기업에 투자하여 경쟁력 있는 기
업으로 육성함으로써 국가 발전에 이바지하고, 조합의 효율적
인 운영 및 관리를 통해 조합원들에게 이익을 분배함을 목적
으로 한다.

▶ 개인투자조합 등록 요건은 ① 출자총액 1억 원 이상, ② 출자 1
좌의 금액 100만 원 이상, ③ 조합원수 49인 이하, ④ 업무집행
조합원의 출자지분 5% 이상, ⑤ 존속기간 5년 이상으로 한다.

다. 개별 엔젤투자자

▶ 엔젤투자지원센터에 등록된 회원으로서 아래 항목 중 하나 이상 충족해야 한다.

(1) 최근 2년간 2천만 원 이상 신주 투자실적 보유자(적격엔젤투자자)

(2) 엔젤투자 전문성과 멘토 가능성을 보유한 것으로 인정되는 기업가(아래 각 목에 모두 해당)

- 벤처천억클럽 해당기업 또는 상장사 대표이사 경력 보유자

- 벤처기업협회, 한국여성벤처협회, 중소기업기술혁신협회(이노비즈협회)가 추천한 자

- 엔젤투자지원센터의 적격성 심의를 통과한 자

(3) 한국엔젤투자협회가 실시하는 교육을 이수한 자(단, 2인 이상 공동투자 시 1인당 최소 1천만 원 이상, 합계 3천만 원 이상 투자)

(4) 한국엔젤투자협회가 상기 요건을 갖추었다고 인정하는 국외엔젤투자자

라. 전문 엔젤투자자

▶ 중소벤처기업부 장관으로부터 전문엔젤투자자 확인서(유효기간 이내)를 발급받은 자로 한다.

▶ 확인서 발급대상은 아래 요건을 모두 충족해야 한다(〈벤특법〉 시행령 제2조의3제3항).

(1) 투자실적: 최근 3년간 창업자 또는 벤처기업에 1억원 이상 (개인투자조합 업무집행조합원인 경우 해당 조합 투자금액 중 출자 지분에 해당하는 금액 포함) 지분투자 후 6개월 이상 보유
(2) 경력: 창투사 등 투자기관에서 투자심사업무를 2년 이상 한 자 또는 한국엔젤투자협회의 교육과정을 이수한 자 또는 박사학위 소지자 또는 변호사, 공인회계사, 세무사, 변리사, 경영지도사, 기술지도사, 감정평가사 등

마. 법인 엔젤투자자

▶ 한국벤처투자와 협약 또는 타 기관(지자체, 한국엔젤투자협회, 한국청년기업가정신재단, 지역관리기관 등)의 추천을 받아 선정된 기업이다.

구분 (투자자)	연간 매칭 한도	최소 투자금액
엔젤클럽	20억 원	3천만 원 이상
개인투자조합		
개별 엔젤투자자	2억 원	
전문 엔젤투자자	10억 원	
법인 엔젤투자자	20억 원	

바. 투자대상 자격 기준

▶ 투자대상 자격 기준은 아래와 같다.

구분	자격기준	매칭 한도
기본 요건	다음의 항목을 모두 충족하는 창업초기기업 - 창업에서 제외되는 업종을 영위하지 아니하는 기업(중소기업창업지원법 시행령 제3조) - 기업가치가 70억원 이하인 기업(Post-Money Valuation: 주당발행가 × 매칭펀드 투자 후 총 발행주식수)	
창업 초기 기업 요건	① 중소기업창업지원법 상 창업 후 3년 이내의 중소기업 ② 다음 항목의 어느 하나에 해당하는 중소기업(최근 3년간 연 매출액 20억 원 미만) - 중소기업창업지원법 제2조 제2호에 의한 창업자 - 벤처기업육성에관한특별조치법에 따른 벤처기업 - 중소기업기술혁신촉진법에 따른 기술혁신형, 경영혁신형 중소기업 ③ 해외의 한국인 창업초기기업 - 한국인이 회사지분의 30%이상 보유(한국인 우호지분 포함) - 이사회 위원 50% 이상이 한국인인 경우 - 지분 10%이상 보유한 대표이사가 한국인인 경우	총 3억 원

* 단, 엔젤투자매칭펀드 및 엔젤 모펀드 출자 개인투자조합 투자 합계액은 총 5억 원을 초과할 수 없음.

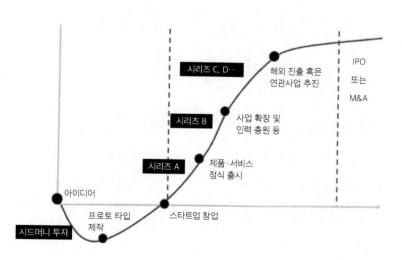

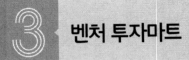

벤처 투자마트

▶ 벤처 투자마트는 엔젤 및 VC 투자유치를 추진하는 초기 창업 기업과 투자자 간 상담회를 개최하고, 기업에는 투자유치 기회를, 투자자에는 기업발굴 기회를 제공하는 프로그램이다.

가. 엔젤투자마트

▶ 매월 1일부터 10일까지 투자유치 희망기업을 선착순으로 접수하여 투자자와 기업 간 1:3 상담회를 운영하고, 초기기업의 사업

계획서 작성법 등 기업의 투자유치를 위한 컨설팅을 진행한다.

구분	내용
사업개요	① 창업기업에 투자유치 기회 제공과 엔젤투자자의 기업발굴 통로 역할 ② 벤처캐피탈의 초기기업 투자기회 제공을 통한 참여 확대
사업내용	① 상담회: 매월 운영(예정) ② 컨설팅: 온·오프라인 컨설팅 ③ IR: 엔젤리더스포럼과 연계하여 우수기업 IR 발표
책임한계	① 엔젤투자마트와 이를 통해 제공되는 모든 기업정보는 투자자의 판단 을 돕기 위한 자료로써, ② 제시된 자료에 관한 판단과 투자 결정에 대한 모든 책임은 투자자 본 인에게 있으며, ③ 엔젤투자지원센터, 한국벤처투자협회, 한국엔젤투자협회, 엔젤클럽 등은 투자 결과에 대한 어떠한 법적 책임도 없음.

나. 벤처투자사랑방

▶ 투자단계와 상관없이 벤처캐피탈과의 대면 미팅을 통해 자금조
달 방법을 모색하고 투자유치 가능성을 진단하며, 사업성장 가
능성을 확인하고, 시장분석 및 경영 멘토링을 통해 중소벤처기
업의 사업화를 촉진한다.

구분	내용
사업개요	① 벤처투자사랑방은 중소벤처기업과 투자기관 심사역 간의 1:1 투자상담을 통해 상호간 이해를 증진시켜 상생을 도모하는 사업이다. ② 중소벤처기업은 투자전반에 대한 이해를 높여 투자유치 기반을 마련할 수 있고, 벤처캐피탈은 중소기업의 현실 및 기술에 대한 정보를 제공받으므로 보다 객관적인 투자 심사가 가능하다.
상담내용	매월 정기적으로 벤처캐피탈 투자심사역과 1:1 상담을 시행한다. - 투자유치 가능성 진단 - 사업계획서 검토 및 작성 요령 - IR 성공전략 컨설팅 - IPO, M&A 전략 상담 - 정부자금 정보 제공 등

벤처 확인제도

가. 개요

▶ 벤처기업 확인제도가 공공기관 확인에서 민간 확인으로 전면 개편되고, 벤처기업 확인 유효기간이 2년에서 3년으로 확대된다.

▶ 중소벤처기업부(이하 중기부)는 ① 벤처기업의 확인제도와 ② 유효기간 연장, ③ 벤처투자자 확대 및 ④ 벤처기업 창업 휴직 확대 등을 내용으로 하는 〈벤처기업육성에 관한 특별조치법 시행령〉을 발령하였다.

▶ 이번 시행령 개정은 벤처기업 확인업무를 민간에게 넘기는 〈벤처기업육성에 관한 특별조치법〉이 개정(2020. 2. 11.)됨에 따라, 새로운 벤처확인 제도의 시행(2021. 2. 12.)에 앞서 세부 기준 및 절차·방법 등을 정비하기 위한 것이다.

▶ 기존의 벤처기업 확인제도는 그 동안 ① 벤처투자 ② 연구개발 ③ 보증·대출 유형으로 나뉘어 진행되었다.

▶ 기존의 벤처기업 요건은 아래와 같다.

   (1) 중소기업일 것

   (2) 아래 세 가지 유형 중 하나에 해당할 것

   - 벤처투자 유형: 벤처투자자로부터 5천만 원 이상 & 자본금의
     10% 이상 투자 유치(유지)

   - 연구개발 유형: 연구개발비 연 5천만 원 이상 & 매출액 대비
     5% 이상 & 사업성 우수(유지)

   - 보증·대출 유형: 기보·중진공 보증·대출이 8천만 원 이상 &
     자산의 5% 이상 & 기술성 우수(폐지)

▶ 벤처확인 요건 중 기보·중진공이 확인하는 보증·대출 유형의
확인 제도는 벤처다운 혁신기업 선별에 한계가 있다는 지적에
따라 제도적인 개편의 필요성이 대두되어왔다.

(보증·대출 유형: 86.2% 〉 연구개발 유형: 7.2% 〉 벤처투자 유형: 6.3%)

▶ 따라서, 보증·대출 유형은 폐지되고 민간 전문가 등으로 구성
된 벤처기업확인위원회에서 '혁신성과 성장성'을 평가해 벤처확
인을 하도록 〈벤처기업육성에 관한 특별조치법〉이 개정(2020.
2. 11.)되었다.

나. 주요 개정내용

▶ 이번 시행령의 주요 개정내용은 아래와 같이 민간 벤처확인기관의 요건을 정하고 있다.

(1) 민법에 따른 민간 비영리법인
(2) 전담조직을 갖추고 최근 3년 이상 계속하여 벤처기업 지원 업무를 수행
(3) 상시근로자를 20명 이상 보유(전문인력 5명 이상 포함)
(4) 투자를 받음으로써 벤처기업이 되는 벤처투자자 범위를 기존 13개에 8개를 추가
(5) 벤처기업확인 갱신에 따른 기업 부담 완화를 위해 벤처기업 확인 유효기간을 2년에서 3년으로 연장 등

구분	투자자
(현행) 13개	① 창업투자회사 ② 창업투자조합 ③ 신기술금융업자 ④ 신기술투자조합 ⑤ 벤처투자조합 ⑥ 한국벤처투자㈜ ⑦ 전문개인투자자 ⑧ 개인투자조합 ⑨ 산업은행 ⑩ 기업은행 ⑪ 은행 ⑫ 경영참여형 사모집합투자기구 ⑬ 외국투자회사
(추가) 8개	① 창업기획자(액셀러레이터) ② 크라우드펀딩 ③ 농식품투자조합 ④ 산학연협력기술지주회사, ⑤ 공공연구기관첨단기술지주회사 ⑥ 신기술창업전문회사 ⑦ 기술보증기금 ⑧ 신용보증기금

▶ 중기부는 새로운 벤처기업 확인제도가 2021. 2. 12. 시행되고, 시행 전에 벤처확인기관 등을 지정할 수 있도록 법령에서 규정

함에 따라 벤처확인기관을 지정할 계획이다.

▶ 아울러, 벤처기업 확인위원회의 구성, 평가모형 설계, 전산업무 시스템 구축 등 개편된 제도를 추진하기 위한 제도적 장치를 완료할 계획이다.

다. 벤처기업 확인기관

▶ 법적 근거는 〈벤처기업육성에 관한 특별조치법〉 제18조의3이다.

▶ 벤처확인위원회를 설치·운영하는 벤처기업확인제도 운영기관의 역할은 아래와 같다.

  (1) 행정사무는 신청접수, 확인서 발급, 벤처기업 정보관리 및 통계 제공, 제도 상담 안내 대응 등이고,
  (2) 벤처확인위원회 심사지원사무는 벤처확인위원회 심의안건 상정, 위원회 개최 지원 등이다.
  (3) 벤처기업 확인위원회는 유형별 벤처확인 신청기업에 대해 ① 혁신성, ② 기술성, ③ 성장성에 대한 심의와 의결을 통해 최종 벤처확인을 결정한다.

▶ 벤처기업 확인기관은 민간 주도 취지에 부합하는 비영리 민간

기관으로서 전문인력과 전담조직을 보유할 것을 요건으로 하며, 주요 변경내용은 아래와 같다.

민간주도 벤처확인제도 주요내용

구분	변경 전(2021. 2. 11. 이전)	변경 후(2021. 2. 12. 이후)
주체	공공기관 중심(기보, 중진공, 벤처캐피탈협회)	민간 전문가 중심 벤처기업확인위원회(벤처확인기관으로 벤처기업협회 지정)
확인유형	**벤처투자유형** ① 창업투자회사, 창업투자조합 등이 5천만 원 이상 투자 ② 자본금 대비 투자금액이 10% 이상	**벤처투자유형** ①, ② 현행 유지 ③ 투자자 유형(8개) 추가
	연구개발유형 ① 기업부설연구소 보유 ② 연구개발비 5천만원 이상 및 총매출액의 5~10% 이상 ③ 사업성 평가 우수	**연구개발유형** ①, ② 현행 유지 ③ 연구개발조직 유형(3개) 추가 ④ 사업성 평가 우수
	보증대출유형(폐지) ① 보증·대출(가능)금액 8천만 원 이상 ② 총자산 대비 보증·대출(가능)금액 5% 이상 ③ 기술성 평가 우수	**혁신성장유형**(신설) ①, ② 폐지 ③ 기술성 및 사업성 평가 우수
유효기간	2년	3년
수수료	① 벤처투자유형: 10만원 ② 연구개발유형: 30만원 ③ 보증대출유형: 30만원	① 벤처투자유형: 25만원 ② 연구개발유형: 45만원 ③ 혁신성장유형: 55만원 (정부보조 10만원 있음)

벤처기업확인 절차

▶ 벤처기업확인 평가의 유형별 특성과 전문성을 확보하기 위해 현장실사를 담당하는 전문 평가기관을 10개 지정하여 업무를 수행한다.

유형	현장실사 전문 평가기관
벤처투자 유형	벤처캐피탈협회
연구개발 유형	중소벤처기업진흥공단, 신용보증기금
혁신성장 유형	기술보증기금, 한국생산기술연구원, 한국발명진흥회, 한국과학기술정보연구원, 한국생명공학연구원, 농업기술실용화재단, 연구개발특구진흥재단

라. 벤처기업 주요 지원내용

▶ 벤처기업에 대한 주요 지원내용은 아래와 같다.

분류	내용
세제	법인세·소득세 50% 감면(창업일 또는 벤처확인일 후 5년간) - 대상: 창업중소기업(수도권 과밀억제권역 외의 지역에서 창업한 중소기업·창업벤처중소기업이면서 창업 이후 3년 이내에 벤처확인을 받은 기업)
	① 취득세 75% 감면(창업일 또는 벤처확인일 후 4년간)q ② 재산세 50% 감면(창업일 또는 벤처확인일 후 5년간) - 대상: 창업중소기업 또는 창업벤처중소기업
금융	① 기보 보증한도 확대(일반 30억원→벤처 50억원, 상장벤처 70억원) ② 기보 보증료율 0.2%p 감면
	코스닥상장 심사기준 우대(자기자본 30억원→15억원), 자기자본이익률(10%→5%), 당기순이익(20억원→10억원), 매출액(100억원→50억원)
	중소기업청 정책자금 한도 우대(신성장기반 자금 중 시설자금에 대해 잔액기준한도(수도권 45억원, 지방 50억원→70억원), 매출액 한도(150%→미적용)
입지	벤처기업육성촉진지구 내 벤처기업에 취득세·재산세 37.5% 경감
	수도권과밀억제권역 내 벤처기업집적시설 또는 산업기술단지에 입주한 벤처기업에 취득세(2배)·등록면허세(3배)·재산세(5배) 중과 적용 면제
M&A	대기업이 벤처기업을 인수·합병하는 경우 상호출자제한기업집단으로의 계열 편입을 7년간 유예
인력	기업부설연구소 연구전담요원 수 설립요건 완화(벤처기업 2명) - 소기업 3명(3년 미만 2명), 중기업 5명, 매출5천억 미만 중견기업 7명, 대기업 10명
	① 주식매수선택권 부여 대상 확대(임직원→기술·경영능력을 갖춘 외부인, 대학, 연구기관, 벤처기업이 주식의 30%이상 인수한 기업의 임직원) ② 총 주식수 대비 부여한도 확대(일반기업 10%, 상장법인 15%→벤처기업 50%) - 대상: 비상장 벤처기업
광고	TV·라디오 광고비 할인(광고비 3년간 최대 70%할인, 정상가 기준 30억원 한도) - 지원대상은 한국방송광고진흥공사에서 자체 규정에 따라 별도 선정

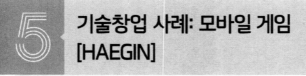

5 기술창업 사례: 모바일 게임
[HAEGIN]

가. 개요

▶ 당사는 2017년 9월에 설립되어 모바일 게임 '홈런 클래시' 등을 개발·운영하고 있다. 홈런 클래시는 전 세계 사용자들과 실시간으로 대결하는 홈런 매치 게임이다.

▶ 2018년 5월 80억 원의 투자를 유치하는 등 차세대 게임 콘텐츠를 제작하는 자본금 100억 원 규모의 전문업체이다.

▶ 당사의 주요 투자자와 파트너는 아래와 같다.

기업명	내용
Storm Ventures Fund	미국 실리콘밸리에 본사를 두고 B2B 스타트업 기업들의 투자를 전문으로 하며, 엔터프라이즈 리더 육성에 특화된 벤처캐피털
ACEVILLE PTE. LTD	2005년에 설립된 텐센트 홀딩스의 투자 자회사이며, 카카오 게임즈 및 크래프톤 등에 투자 진행
Netmarble-Kona Venture Fund	2015년 9월, 203억 원 규모로 결성된 게임 전문 펀드사이며, 한국벤처투자(모태펀드), 넷마블 등이 주요 출자자로 참여

기업명	내용
Devsisters Corporation	코스닥 상장사이며, 대표작 쿠키런 IP를 활용한 모바일 게임 및 캐릭터 상품 제작을 주요 사업으로 하는 대한민국의 게임 제작사
BonAngels Pacemaker	파트너들의 창업경험을 바탕으로 초기기업을 대상으로 한 전문 투자사이며, 'PUBG' 초기의 주요 투자 및 주주사

(출처: 당사 홈페이지 *haegin.kr*)

나. 기술성(제품)

▶ 당사의 주요 제품(서비스)은 아래와 같다.

(1) 홈런 클래시: 전 세계 사용자들과 실시간으로 대결하는 홈런 매치
(2) 오버 독스: 12명의 사용자들과 대결하는 실시간 근접 액션 배틀
(3) 익스트림 골프: 전 세계 사용자들과 실시간으로 대결하는 골프 게임

(출처: 당사 홈페이지 *haegin.kr*)

▶ 이 제품(서비스)들은 전 세계 사용자들이 실시간으로 서로 대결한다는 특징이 있다. 게임을 통해 사용자들은 대리만족, 스트레스 해소 등의 즐거움을 얻는다.

다. 사업성(시장)

▶ 모바일 게임 '홈런 클래시'는 삼성전자 갤럭시 스토어와 제휴하여 프로모션하고 있다.

▶ 동 프로모션을 위해 제품에 갤럭시노트 20 울트라 디스플레이 대응 그래픽을 업데이트했고, 삼성전자 유튜브 채널에는 갤럭시노트 20에 최적화된 제품의 리뷰 영상 등을 게재했다.

▶ 전 세계 갤럭시 사용자와의 접점이 확대된 만큼 제품의 글로벌 사용자 간의 한층 치열한 경쟁 대결 구도가 기대된다. 또한, 각종 이벤트를 통해 고객에게 다양한 혜택을 제공하는 활동을 지속할 것으로 보인다.

라. 기술창업 착안점

▶ 문화체육관광부와 한국콘텐츠진흥원은 게임산업에 대한 시상

등 지원사업을 통해 지속 발전·성장시키고 있다.

▶ 최근 모바일 게임은 게임 기획 우수성, 제작 완성도, 콘텐츠 경쟁력, 사업 역량 등에서 모두 성장을 거듭하고 있다.

▶ 모바일 게임은 화면 크기의 한계로 인해 정보 전달량이 제한될 수밖에 없다. 또한, 모바일 게임은 이통사를 거쳐 판매되는 것이 과거의 한계점이었다.

▶ 그러나 스마트폰 보급 확대와 앱스토어의 등장으로 모바일 게임 사용이 폭발적으로 증가하였다. 또한 최근 고성능 하드웨어로 인해 사용자의 만족도가 높아지고 있다.

▶ 모바일 게임은 조작의 한계점이 있기 때문에 조작이 간편하면서도 터치 조작 체계의 장점을 활용할 필요가 있다. 더불어 저작권 침해에 대한 보호 조치를 마련할 필요가 있고, VR 또는 AR 등 여타 기술과 연계하는 모바일 게임을 구상할 수도 있다.

※ 사례연구는 공개된 자료원을 토대로 작성된 것으로, 본문의 구체적인 사안과 관계없이 독립적으로 서술되었으며 기술창업 착안점 등은 필자의 견해가 반영되어 실제 기업의 사실과 차이가 있을 수 있음.

제6장

투자유치(벤처)
(사례연구: 의료진단)

창업자가 기술창업을 통해 시장에서 경쟁력을 확보하고 있으면, 벤처캐피탈 (VC)로부터 투자유치를 고려할 수 있다. 특히 벤처 투자마트, 벤처투자단계, 벤처투자조합 등을 이해하고 벤처투자유치 전략을 수립하는 것이 필요하다. 더불어 창업 후 7년 이내인 기업은 투자계약 체결과 관련된 일반적인 지식을 알고 있어야 벤처캐피탈과 투자유치 협상을 통해 기업을 발전시킬 수 있다. 또한, 창업자는 본격적으로 투자유치를 추진하기에 앞서 채권적 투자와 자본적 투자의 유형을 분석하고 창업기업의 성장 로드맵을 제시하는 것이 필요하다.

의의

▶ 벤처캐피탈(Venture Capital, VC)은 잠재력이 있는 벤처기업에 대해 자금을 제공하고 경영과 기술지도 등을 종합적으로 지원하여 높은 자본이득을 추구하는 금융자본을 말한다.

▶ 벤처캐피탈의 설립은 ① 중소벤처기업부에 등록된 창업투자회사와 ② 금융위원회에 등록된 신기술금융회사로 설립이 가능하다.

▶ 벤처캐피탈의 주요업무는 아래와 같다.

   (1) 창업자(창업 7년 이내의 중소기업) 및 벤처기업에 대한 투자
   (2) 창업투자조합의 결성 및 업무의 집행
   (3) 해외기업의 주식 또는 지분의 인수 등 중소벤처기업부장관이 정하는 방법에 따른 해외투자
   (4) 창업보육센터 설립 및 운영
   (5) 중소기업과의 계약에 따른 경영 기술지원을 위한 사업

▶ 한국벤처캐피탈협회는 국내 벤처캐피탈 산업과 관련된 제도 및 경영환경 개선을 목적으로 1989년에 설립된 사단법인으로, 2018년 기준 중소기업창업투자회사, 신기술금융회사, LP(Limited Partners) 등 150여 개 회원사가 등록되어 있다.

▶ 한국벤처캐피탈협회는 벤처투자기관으로부터 투자받은 금액이 5천만 원 이상일 때 벤처기업 등록 업무를 하고 있다.

▶ 한국벤처캐피탈협회의 벤처 투자마트는 엔젤 및 VC투자 유치를 위한 초기 창업기업과 투자자 간 상담회 개최를 통해 기업에는 투자유치 기회를, 투자자에는 기업발굴 기회를 제공하는 프로그램이다.

▶ 벤처투자의 단계를 보면 아래와 같다.

벤처투자의 단계

구분	Seed Money	Series A	Series B	Series C	Pre-IPO
기업 활동	제품 개발, 제품 출시(런칭), 핵심기술 연구, 시장 설정	제품 검증, 매출 극대화, 핵심기술 발전, 사업확장 전략	제품 고도화, 수익모델 검증, 사업모델 확장, 제휴협업 확대	기업 인수, 기업 합병, 해외 진출, 사업성 고도화	기업 인수, 기업 합병, 출구 전략
준비 사항	방향 설정, 내부 진단, 경영 전략, 정부 지원사업	투자유치 전략, 투자조합 유치, 정부 지원사업, 투자금 활용	벤처투자 유치, 기관투자 유치, 정부 지원사업, 확장 전략 수립	대규모 자금 유치, 해외진출 확대, 인수합병 전략	기관자금 유치, IPO전략 수립, Pre-IPO 진행

구분	Seed Money	Series A	Series B	Series C	Pre-IPO
투자형태	엔젤, VC, 기보, 신보, 중진공, 액셀러레이터, 클라우드펀딩	LLC형 VC, 창투사, 신기술사업PEF, 기금 및 기관자금	LLC형 VC, 창투사, 신기술사업PEF, 기금 및 기관자금	LLC형 VC, 창투사, 신기술사업PEF, 기금 및 기관자금	증권사, 운용사, 사모펀드(PEF), 은행, 캐피탈 등
투자시기	초기투자	↔	중기투자	↔	후기투자

(출처: HEXACON)

▶ 엔젤투자는 창업 3년 이내 기업을 중심으로 3억 원 내외로 투자되는 것이 일반적이고, 벤처투자는 엔젤투자가 선행된 후에 시리즈 투자를 시작하는 것이 일반적이다.

벤처투자조합

▶ 〈벤처투자촉진에관한법률〉 시행령 제48조(권한의 위임·위탁)에 의해 '벤처투자조합 등록·변경·해산·청산 결과 보고의 접수 및 확인'에 관한 업무를 수행한다.

　(1) 조합 접수 및 등록: 벤처투자정보센터 담당자(T.2156-2137)

　(2) 조합 변경 및 청산: 벤처투자정보센터 담당자(T.2156-2138)

▶ 벤처투자모태조합의 결성 등(시행령 제44조)

　(1) 〈벤처투자촉진에관한법률〉 제70조 1항에서 '대통령령으로 정하는 자'란 다음 각호의 어느 하나에 해당하는 자를 말한다.
　- 〈정부조직법〉 제2조에 따른 중앙행정기관의 장
　- 〈국가재정법〉 제5조 1항에 따라 설치된 기금을 관리하는 자
　(2) 법률 제70조 4항에서 '대통령령으로 정하는 기간'이란 30년 이내를 말한다.
　(3) 중소벤처기업부장관은 법률 제70조 4항에 따라 다음 각호의 사항을 포함한 다음 해의 모태조합 운용지침안을 매년

12월 31일까지 작성해야 한다. 이 경우 모태조합 운용지침안 작성과 관련하여 필요할 때에는 모태조합 출자자의 의견을 들을 수 있다.

- 모태조합 자산의 배분기준
- 법 제70조 1항 각 호의 조합 등에 대한 모태조합의 출자한도
- 모태조합 업무집행조합원의 임직원에 대한 성과급 지급한도
- 그 밖에 모태조합의 운용계획에 포함되어야 할 주요 사항

(4) 한국벤처투자는 중소벤처기업부장관에게 해당 연도 모태조합 운용계획을 매년 1월 31일까지 제출하고, 전년도의 모태조합 운용실적을 매년 4월 30일까지 제출해야 한다.

(5) 제1항부터 제4항까지에서 규정한 사항 외에 모태조합 운용에 필요한 사항은 중소벤처기업부장관이 정하여 고시한다.

▶ 벤처투자조합에 대한 기금의 출자 등(제46조)

(1) 법 제71조 1항에서 '대통령령으로 정하는 기금'이란 별표 1의 기금을 말한다.

(2) 중소벤처기업부장관은 벤처기업에 대한 투자재원을 조성하기 위하여 필요하면 별표 1에 따른 기금을 관리하는 자에게 벤처투자조합에 출자할 것을 요청할 수 있다.

(3) 법 제71조 1항에서 '대통령령으로 정하는 비율 이내의 자금'이란 해당 기금의 운용자금 중 10% 이내의 자금을 말한다.

고용보험기금, 공공자금관리기금, 공무원연금기금, 과학기술진흥기금, 관광진흥개발기금, 국민건강증진기금, 국민체육진흥기금, 군인복지기금, 군인연금기금, 근로복지진흥기금, **기술보증기금**, 남북협력기금, 농림수산업자신용보증기금, 농산물가격안정기금, 농어가목돈마련저축장려기금, 농지관리기금, 대외경제협력기금, 무역보험기금, 문화예술진흥기금, 방송통신발전기금, 보훈기금, 사립학교교직원연금기금, 사학진흥기금, 산업기반신용보증기금, 산업재해보상보험 및 예방기금, 수산발전기금, **신용보증기금**, 양곡증권정리기금, 여성발전기금, 예금보험기금채권상환기금, 외국환평형기금, 원자력연구개발기금, 응급의료기금, 임금채권보장기금, 장애인고용촉진 및 직업재활기금, 전력산업기반기금, 정보통신진흥기금, 주택금융신용보증기금, 주택도시기금, 중소벤처기업창업 및 진흥기금, 청소년육성기금, 축산발전기금, 특정물질사용합리화기금, 한강수계관리기금

▶ 벤처투자조합 결성 및 해산에 필요한 서류는 아래와 같다.

구분	내용
결성 계획	① 공문 ② 결성계획서* ③ 규약(안) ④ 직전년도 회계감사보고서(창업기획자가 업무집행조합원인 경우만 해당) * 집합투자업자, 신탁업자가 유한책임조합원으로 출자 예정인 경우, 해당 조합원의 출자성격(고유, 집합투자기구, 특정금전신탁) 및 위탁자(출자자)수(집합투자기구는 10% 이상 출자한 경우만 해당)를 결성계획서와 규약(출자금구성, 조합원 구성, 특약 등)에 반드시 명시

구분	내용
등록 신청	① 공문(유한책임조합원, 운용인력의 개인정보 제공 동의를 받은 후 신청한다는 내용 명시) ② 등록신청서(다운로드) ③ 규약(날인본) ④ 결성총회의사록, 의결서 및 서면결의서(조합원 전원의 기명날인 또는 서명 포함 　필수) ⑤ 조합원 명부(조합명, 사업자번호 또는 생년월일, 출자총액, 납입금액, 출자좌수 등 포함) ⑥ 출자금 납입확인서(조합명, 조합원명, 납입일자, 납입금액 등 포함) ⑦ 자산보관 및 관리 위탁계약서 ⑧ 조합 운용인력(대표펀드매니저, 일반펀드매니저) 이력사항 다운로드 ⑨ 고유번호증 ⑩ 조합분류기준표(다운로드) ⑪ 직전년도 회계감사보고서(창업기획자가 업무집행조합원인 경우만 해당) ＊ 결성계획 승인 후 규약이 변경된 경우 결성계획 신청 시 규약(안)과 등록신청 　시 제출하는 규약의 변경 전후 대조표 제출 ＊ 집합투자기구(출자비율 10% 이상) 또는 특정금전신탁이 유한책임조합원으로 　출자한 경우 - 규약(출자금 구성, 조합원 구성, 특약 등)에 해당 조합원의 출자성격과 투자자수 　모두 반드시 명시 - 추가 제출서류: 위탁자(출자자)명단(기구or신탁명, 위탁자명, 사업자번호or생년월일, 　투자금액 등 포함) 날인본 ＊ 결성계획 승인 후 등록신청 일정이 2달 이상 지연되는 경우 등록 연장의 건 　으로 공문 송부 필수(협회로 송부하면 중기부에 보고), 최대 2번(최대 4개월)까지 　가능 ＊ 업무집행조합원은 반드시 개인정보 보호법에 따라 조합 등록에 필요한 유한 　책임조합원, 조합 운용인력의 개인정보를 정보주체의 동의를 받은 후 제출
해산 계획	① 공문(약정총액 감액 시 별도 명시 필요) ② 해산계획서 다운로드 - 해산의 사유 - 투자실적 - 조합재산의 현황 및 수익배분 내역 - 해산 후 조합재산의 배분계획 - 청산인의 명칭,주소 및 업무 - 기타 조합해산에 관한 사항 ③ 해산총회의사록, 의결서(의결내역 포함) ④ 해산계획 신청일 전까지 배분 있는 경우 함께 신청 가능

가. 투자 유형

▶ 벤처캐피탈의 투자 유형을 크게 보면 ① 채권적 투자의 경우 전환사채(CB)와 신주인수권부사채(BW) 등이 있고, ② 자본적 투자의 경우 보통주와 상환전환우선주(RCPS) 등이 있다.

▶ 채권적 투자의 사채는 채권자로서 이자와 원금을 상환받는 권리가 있는 반면에 회사의 경영 참여, 즉 의결권이 없는 것이다.

▶ 자본적 투자의 주식(보통주주)은 이자와 원금을 상환받지 못하나 회사의 경영 참여가 가능한 의결권을 가지고 있다. 다만 상환전환우선주의 경우 투자받은 기업은 상환이익으로 상환의무를 지게 된다.

나. 투자 계약

▶ 투자계약은 ① 기업과 투자자 사이의 투자 계약서(주식인수계약서 또는 사채인수계약서)와 ② 주주인 이해관계인(대표이사 등)과 주주가 될 투자자 사이의 주주 간 합의서로 구분된다.

▶ 주주 간 합의서의 세부내용은 아래와 같다.

(1) 투자금의 용도 및 제한
(2) 기술의 이전, 양도, 겸업 및 신규 회사 설립 제한
(3) 임원의 지명
(4) 경영사항에 대한 동의권 및 협의권
(5) 보고 및 자료 제출
(6) 증자 참여의 우선권에 관한 사항
(7) 기업공개 및 M&A에 관한 사항
(8) 주식매수선택권의 부여
(9) 주주총회와 이사회 개최 요구
(10) 회계 및 업무감사
(11) 시정조치
(12) 투자자의 주식 처분
(13) 이해관계인의 주식 처분
(14) 투자자의 우선매수권(Right of First Refusal) 및 공동매도권 (Tag-Along)

⒂ 주식매수청구권

⒃ 계약의 해지 및 해제와 위약벌 및 손해배상 청구

⒄ 이해관계인의 책임

⒅ 겸업금지, 자금조달, 배당정책 등 기타 부수적 사항과 특약 등

다. 투자 계약서

▶ '(상환전환)우선주 및 보통주 투자 계약서'는 투자계약을 위반할 경우 투자금 회수를 위해 아래와 같이 혼용 사용되고 있다.

(1) 계약의 해지와 손해배상청구로 투자금을 회수하는 방안

(2) 주금납입 전에는 계약의 해지와 손해배상으로, 주금납입 후에는 주식매수청구권 또는 위약금/위약벌로 회수하는 방안 등

▶ '전환사채 투자 계약서'는 발행회사의 주식으로 전환할 수 있는 권리가 인정된 특수한 사채를 말한다.

(1) 투자자로서는 사채의 확실성과 주식의 확장성을 비교하여 선택할 수 있고, 회사로서는 전환 때문에 사채 상환의 효과를 누리는 한편 자금조달비용이 저렴하다는 장점이 있다.

(2) 원칙적으로 주주가 전환사채의 인수권을 가지며, 주주 아닌 자에게 전환사채를 발행할 경우(이른바 제3자 배정)에는 정관

규정에 근거를 두거나 주주총회의 특별결의가 요구된다.

▶ '신주인수권부사채 투자 계약서'는 사채권자가 사채의 안정성을 유지하면서 주가가 상승하면 신주인수권을 행사하여 주식의 양도차익을 얻는 이점을 누리되, 기업은 사채이율을 낮춤으로써 자금조달 비용을 절감한다.

  ○ 주주 아닌 자에게 신주인수권부사채를 발행할 경우(이른바 제3자 배정)에는 정관 규정에 근거를 두거나 주주총회의 특별결의가 요구된다.

▶ 시드머니(Seed Money)를 유치하는 초기 벤처기업(시드 단계)의 '전환우선주 또는 보통주 투자 계약서'는 주식인수계약서만을 기본형으로 하며, 이해관계인의 책임 조항(주주 간 합의사항)을 삭제하거나 최소한으로 운영한다.

  ○ 전환우선권의 내용을 삭제할 경우 보통주 인수계약서의 효력을 갖는다(우선매수권, 공동매도참여권, 동반매도요구권, 주식매수청구권 등 협의).

▶ '전환우선주 투자 계약서'의 주요 내용은 아래와 같다.

  (1) 의결권에 관한 사항

(2) 배당에 있어서 우선권에 관한 사항

(3) 청산 잔여재산 분배에 있어서 우선권에 관한 사항

(4) 전환권에 관한 사항(전환비율 등)

(5) 신주인수권에 관한 사항 등

보증연계투자

가. 개요

▶ 보증기관은 신용보증 관계가 성립한 기업을 대상으로 보증연계투자를 실행하며, 신용보증기금(이하 신보)을 중심으로 설명하면 아래와 같다.

▶ 신보의 보증연계투자는 창업 5년 이내 기업의 ① 주식, ② 전환사채, ③ 신주인수권부사채 등 유가증권을 인수하는 것을 말한다.

▶ 투자 한도는 신보와 기술보증기금(이하 기보)의 투자금액과 일반보증을 합한 금액의 60억 원 이내로 한다.

▶ 다만, 투자금액은 신보가 신용보증한 금액의 2배를 초과할 수 없으며, 기업이 발행한 주식 총수의 50% 미만으로 최대주주 지분율을 초과할 수 없다.

▶ 신보의 투자업무는 투자 상담, 투자신청, 투자조사, 투자심사·승인, 투자실행 등의 절차에 따라 처리한다.

나. 투자방법

▶ 신보는 기술력, 경쟁력, 사업성이 우수하고 성장 가능성이 큰 기업을 대상으로 투자한다. 이를 위해 미래성장성등급을 산출하여 평가한다.

▶ 투자심사는 ① 경영진, ② 사업성, ③ 기술성, ④ 재무건전성, ⑤ 투자의 타당성을 종합 검토하여 심사하며, 필요한 경우 외부 전문기관의 자문을 받는다.

▶ 투자 방법은 우선주, 보통주, 전환사채, 신주인수권부사채 중 안정성, 회수 편리성 및 투자기업의 성장성 등을 종합적으로 고려하여 결정한다.

▶ 투자주식의 인수가액은 본질 가치, 유사회사의 상대가치, 미래성장성평가 시스템에 의한 기업가치 등을 고려하여 산정한다.

▶ 주식의 투자 기간은 3년 이상 10년 이내로 하며, 상환우선주를 투자하는 경우 상환청구권 행사 기간은 투자 후 3년 이상 10년

이내로 한다.

▶ 사채의 인수 기간은 5년 이내로 하며, 사채의 최대 인수 기간은 투자기업 설립일로부터 17년 이내로 한다.

▶ 보장수익률은 3년 만기 국고채유통수익률에 신용등급, 투자 방법 등을 고려하여 적정수준으로 차등하여 산정한다.

▶ 투자 방법에 따라 아래의 투자계약서에 투자기업과 이해관계인 또는 연대보증인이 연서한다.

(1) 주식: 보통주인수계약서, 우선주(상환전환우선주, 전환우선주) 인수계약서
(2) 전환사채: 전환사채인수계약서
(3) 신주인수권부사채: 신주인수권부사채인수계약서

▶ 신보는 아래의 경우 투자금 회수를 위하여 주식을 처분할 수 있다.

(1) 투자기업의 주식이 한국거래소에 상장되는 경우
(2) 투자기한이 만료되는 경우
(3) 투자기업이 제3자에게 인수되는 경우
(4) 투자기업의 주주가 매입 의사를 표시하고 신보가 동의한 경우

(5) 투자기한 만료 전이라도 주식매각의 필요성이 인정되는 경우 등

▶ 비상장주식은 아래의 외부기관이 평가한 금액 중 합리적인 가격을 선정하여 처분한다.

(1) 〈자본시장과 금융투자업에 관한 법률〉에 따라 인가를 받은 신용평가회사
(2) 〈공인회계사법〉에 따라 등록된 회계법인

▶ 보증연계투자는 시드머니에 해당하는 것으로 여타의 시리즈 투자가 진행되기 이전에 추진할 필요가 있다.

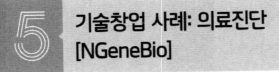

기술창업 사례: 의료진단 [NGeneBio]

가. 개요

▶ 당사는 2010년 KT 사내 벤처로 시작하여, 2015년 설립된 유전체 분석, 맞춤진단 사업을 영위하는 기업으로 2020년 12월 코스닥에 상장한 정밀진단 플랫폼 전문기업이다.

▶ KT의 ICT&빅데이터 기술과 정밀진단 플랫폼 기술을 융합하여 국내 최초로 '대용량 유전체 플랫폼 기술'을 개발하였다.

▶ 설립 이후 차세대 융복합 바이오 기술개발에 주력하여 특정 질병과 관련된 유전자들만 정확하게 추출하고 유전체 분석기술을 통해 해석함으로써 환자에게 최적의 맞춤 치료방법을 제공하는 정밀진단 기술을 개발하였다.

▶ 2017년에는 국내 최초로 유전성 유방암/난소암 환자에게 최적의 치료방법을 제공하는 BRCAaccuTest 제품을 개발하여 국내 최초 식품의약품안전처 품목허가(ClassIII)와 아시아 최초 유

럽(EU) 체외진단의료기기 인증을 취득하였다.

▶ 2020년에는 위암/폐암 등 암 조직 내 돌연변이를 검사하여 최적의 치료방법을 제공하는 고형암 정밀진단 제품, 급성 백혈병 등 혈액암 관련 돌연변이를 검사하여 최적의 치료방법을 제공하는 혈액암 정밀진단 제품, 골수 이식 단계에서 공여자의 적합성 여부를 검사하는 HLA 정밀진단 제품 등을 추가 상용화하여 국내 다수의 대학종합병원에 공급하고 있다.

나. 기술성(제품)

▶ 당사의 주요 제품(서비스)은 아래와 같다.

(1) 정밀진단 검사패널: 유방암/난소암, 혈액암, 고형암, 희귀유전질환 패널
(2) 분석 소프트웨어: NGeneAnalySys® 및 EasyHLAanalyzer™로 NGS 데이터를 이용하여 다양한 질병의 유전자 변이 분석과 해석
(3) 유전자감식 시약 키트: 혈연관계, 개인식별, 범죄 수사용 유전자 검사
(4) 개인 유전자 검사: 지노리듬, 지노리듬 플러스 등

▶ 당사 제품의 특성은 아래와 같다.

(1) 바이오기술(BT)과 정보기술(IT)의 결합을 통해 정밀진단 플 랫폼을 구축하였다.

(2) NGS 기술의 가장 중요한 요소인 데이터 분석 소프트웨어 를 상용화하였다.

(3) 클라우드 기반의 유전체 소프트웨어를 바탕으로 정밀진단 분석 및 해석을 자동화하였다.

(4) 당사의 정밀진단 분석 소프트웨어는 성능이 우수하고 사용 자의 편의성과 분석의 신속성을 확보하고 있다.

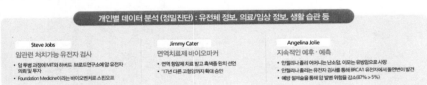

(출처: 당사 홈페이지(IR) ngenebio.com)

다. 사업성(시장)

▶ 정밀진단 패널기술과 고성능 데이터 분석기술을 기반으로 한 질병 조기진단 등에 이어 항암제 동반진단 및 예측 분야로 사업을 확장하고 있다.

▶ 기술 개발한 제품(서비스)을 전 세계 20여 곳 대리점을 통해 수출하고 있으며, 정밀진단 플랫폼 기술 및 의료기기 인허가(Regulatory Affairs) 역량을 기반으로 종합병원 및 제약사들과 함께 항암제 처방에 필수적인 동반진단 기술개발을 진행 중이다.

▶ 질병 예측을 위한 액체생검(Liquid Biopsy) 분야, 감염병 조기진단 분야 및 바이오 마커 발굴을 위한 질병 유전체 분석 플랫폼 분야 등에도 성과가 있었다.

▶ 당사 제품(서비스)은 환자의 치료 효과 극대화, 부작용 최소화, 치료비 감소 등의 효과를 줄 것으로 기대하며, 감염병 진단 분야에도 확장이 가능할 것으로 보인다.

라. 기술창업 착안점

▶ 당사의 사업은 바이오기술(BT)과 정보기술(IT)을 통합한 것으

로 기존 의료산업을 디지털 전환하는 좋은 사례로 보인다.

▶ 의료진단을 통해 확보한 빅데이터는 인공지능 딥러닝 분석을 통해 보다 정밀하고 유의미한 결과를 제공할 것이다.

▶ 특히 COVID-19 등 감염병 확산 시기에 조기진단의 기술로 활용될 수 있고, 유럽, 중동, 동남아 진출은 물론 빅마켓인 미국에도 선제적으로 진출이 가능할 것으로 보인다.

▶ 당사는 대기업 KT의 사내벤처로 시작하여 우수한 초기 창업 환경을 가지고 있었던 것으로 보인다. 인적 전문가와 물적 기술력을 바탕으로 최근 코스닥상장에 성공함으로써 유니콘 기업으로 성장 발전이 기대된다.

※ 사례연구는 공개된 자료원을 토대로 작성된 것으로, 본문의 구체적인 사안과 관계없이 독립적으로 서술되었으며 기술창업 착안점 등은 필자의 견해가 반영되어 실제 기업의 사실과 차이가 있을 수 있음.

제7장

공공정보
(사례연구: 영상편집)

기술창업 기업 중에서 정보통신기술을 기반으로 창업한 기업의 경우는 제품 및 서비스에 활용되는 빅데이터에 대한 경영관리 개념을 수립할 필요가 있다. 특히 공공 데이터를 이용하여 사업을 영위하고자 하는 경우 개정된 공공 데이터 3법에 대한 특성을 이해하는 것이 중요하다. 공공정보에 대한 규제 혁신과 개인정보보호라는 사회적 이슈를 이해함으로써 사업의 방향성을 설정할 수 있다. 공공정보는 개인정보, 가명정보, 익명정보로 나눌 수 있으며, 이에 대한 이해를 통해 빅데이터 확보 및 활용에 관한 전략을 구상하고자 한다.

▶ 신산업 육성을 위해서는 인공지능(AI), 인터넷 기반 정보통신 자원통합(클라우드), 사물인터넷(IoT) 등 신기술을 활용한 데이터 이용이 필요하고, 안전한 데이터 이용을 위해서 사회적 규범 정립이 필요하다.

▶ 공공 데이터 이용에 관한 규제 혁신과 개인정보보호 협치(거버넌스) 체계 정비 등의 문제를 해결하기 위해 아래의 데이터 3법 개정안이 발의되었다.

(1) 개인정보 보호법
(2) 정보통신망 이용촉진 및 정보보호 등에 관한 법률(정보통신망법)
(3) 신용정보의 이용 및 보호에 관한 법률(신용정보법)

▶ 공공 데이터 3법 개정의 목적은 다음과 같다.

(1) 데이터 이용 활성화를 위한 가명정보 개념 도입

(2) 법률 등 추진체계를 일원화하여 개인정보보호 협치(거버넌스) 효율화

(3) 데이터 활용에 따른 개인정보처리자의 책임 강화

(4) 모호한 개인정보 판단 기준의 명확화 등

▶ 공공 데이터 3법의 주요 개정내용은 아래와 같다.

(1) 가명정보는 통계작성, 과학적 연구, 공익적 기록보존을 목적으로 정보 주체의 동의 없이 처리를 허용한다.

(2) 시간·비용·기술 등 모든 수단을 합리적으로 고려할 때 다른 정보를 사용해도 개인을 알아볼 수 없는 익명정보는 법 적용을 배제한다.

(3) 온라인상의 개인정보보호와 관련된 규제와 감독의 주체를 방송통신위원회에서 '개인정보보호위원회'로 변경한다.

(4) 신용조회업자의 영리 목적 겸업 금지 규제를 폐지함에 따라 데이터 분석·가공, 컨설팅 등 다양한 겸영·부수 업무가 가능하다.

(5) 개인정보 자기결정권의 도입으로 정보 활용 동의 제도의 개선, 개인신용정보의 전송요구권, 자동화 평가에 관한 신용정보 주체의 설명 요구권 등이 개정되었다.

▶ 따라서 기업은 제품(서비스) 개발 및 공급을 위해서 합법적인 빅데이터 확보를 우선해야 한다.

구분	개념	활용 가능 범위
개인 정보	① 특정 개인에 관한 정보 ② 개인을 알아볼 수 있게 하는 정보	사전적이고 구체적인 동의를 받은 범 위 내 활용 가능
가명 정보	추가정보의 사용 없이는 특정 개인 을 알아볼 수 없게 조치한 정보	다음 목적에 동의 없이 활용 가능(EU GDPR 반영) - 통계작성(상업적 목적 포함) - 연구(산업적 연구 포함) - 공익적 기록보존 목적 등
익명 정보	더 이상 개인을 알아볼 수 없게(복원 불가능할 정도로) 조치한 정보	개인정보가 아니므로 제한 없이 자 유롭게 활용

(출처: 강달천(2020), 「데이터 3법 개정의 주요 내용과 전망」, 한국인터넷진흥원)

가. 개요

▶ 〈개인정보보호법〉에서 정의하는 '개인정보'는 살아 있는 개인
  에 관한 정보로 그 내용은 아래와 같다(개인정보보호포털, 2021).

  (1) 성명, 주민등록번호 및 영상 등을 통하여 개인을 알아볼 수
      있는 정보
  (2) 해당 정보만으로는 특정 개인을 알아볼 수 없더라도 다른
      정보와 쉽게 결합하여 알아볼 수 있는 정보
  (3) (1) 또는 (2)를 가명 처리함으로써 원래의 상태로 복원하기
      위한 추가 정보의 사용, 결합 없이는 특정 개인을 알아볼
      수 없는 정보(가명정보)

▶ 개인정보의 주체는 자연인이어야 하며, 법인 또는 단체의 정보
  는 해당하지 않는다.

▶ 따라서 법인의 상호, 영업 소재지, 임원 정보, 영업실적 등의 정보

는 〈개인정보보호법〉에서 보호하는 개인정보에 해당하지 않는다.

▶ 개인정보 해당 여부 판단 기준은 아래와 같다.

(1) 〈개인정보 보호법〉 등 관련 법률에서 규정하고 있는 개인정보의 개념은 아래와 같으며, 이에 해당하지 않는 경우는 개인정보가 아니다.

(2) 개인정보는 살아 있는 개인에 관한 정보로서 개인을 알아볼 수 있는 정보이며, 해당 정보만으로는 특정 개인을 알아볼 수 없더라도 다른 정보와 쉽게 결합하여 알아볼 수 있는 정보를 포함한다.

- 살아 있는 자에 관한 정보이어야 하므로 사망한 자, 자연인이 아닌 법인, 단체 또는 사물 등에 관한 정보는 개인정보에 해당하지 않는다.

(3) 또한, 개인을 알아볼 수 있는 정보 또는 다른 정보와 쉽게 결합하여 알아볼 수 있는 정보를 가명 처리함으로써 원래 상태로 복원하기 위한 추가 정보의 사용, 결합 없이 특정 개인을 알아볼 수 없는 정보인 가명정보도 개인정보에 해당한다.

나. 개인정보의 중요성

▶ 개인정보는 전자상거래, 고객관리, 금융거래 등 사회의 구성,

유지, 발전을 위해 필수적인 요소이다. 특히 정보경제 시대를 맞이하여 개인정보와 같은 데이터는 기업과 기관의 부가가치를 창출하는 자산적 가치가 있다.

▶ 그러나 개인정보가 누군가에 의해 악의적인 목적으로 이용되거나 유출될 경우 개인의 사생활, 개인 안전과 재산에 피해를 줄 수 있다.

▶ 또한, 유출된 개인정보는 스팸메일, 불법 텔레마케팅 등에 악용되어 개인에게 원치 않는 광고성 정보가 끊임없이 전송되는 동시에 대량의 스팸메일 발송을 위한 계정 도용, 보이스피싱 등 범죄행위에 악용될 우려가 있다.

▶ 이러한 문제점이 개인정보의 주체에게 미치는 정신적·물질적 피해 규모는 측정이 어렵다. 그뿐만 아니라 한번 유출된 개인정보는 회수가 사실상 불가능하므로 더욱 심각하다.

▶ 산업사회에서 정보사회를 넘어 제4차 산업혁명의 시대로 발전함에 따라 개인정보의 범위와 영역이 확장되고 있다. 또, 산업사회에서 개인정보로 인정되지 않거나 정보항목으로 존재하지 않던 것들이 점차 기술이 발전함에 따라 개인정보의 영역에 포함되고 있다.

▶ 제4차 산업혁명 시대로 발전함에 따라 개인정보의 범위와 영역이 확장되고 있어, 개인정보는 고정불변의 개념으로 이해되기보다는 시대, 기술, 인식의 발전 및 변화에 따라 점차 확대되는 개념으로 볼 수 있다.

▶ 현재 본격화되고 있는 제4차 산업혁명 시대는 사물인터넷(IoT), 인공지능(AI) 등과 같은 ICT 신기술을 기반으로 모든 산업, 사물, 사람이 인터넷으로 연결 및 융·복합되고 있는데, 이런 경우 개인신용정보는 더욱 보호받아야 한다.

다. 개인정보의 종류

▶ 개인정보는 개인의 성명, 주민등록번호 등 인적 사항에서부터 사회·경제적 지위와 상태, 교육, 건강·의료, 재산, 문화 활동 및 정치적 성향과 같은 내면의 비밀에 이르기까지 그 종류가 매우 다양하고 폭이 넓다.

▶ 또한, 사업자 서비스에 이용자(고객)가 직접 회원으로 가입하거나 등록할 때 사업자에게 제공하는 정보뿐만 아니라, 이용자가 서비스를 이용하는 과정에서 생성되는 통화 내역, 로그 기록, 구매 내역 등도 개인정보가 될 수 있다.

▶ 따라서 창업자는 기술개발하고 있는 제품(서비스)과 관련하여 개인정보보호 위배 여부를 확인하고 사전에 고객의 개인정보 동의를 철저히 받아야 한다.

구분	유형	내용
인적 정보	일반정보	성명, 주민등록번호, 주소, 연락처, 생년월일, 출생지, 성별 등
	가족정보	가족관계 및 가족 구성원 정보 등
신체적 정보	신체정보	얼굴, 홍채, 음성, 유전자 정보, 지문, 키, 몸무게 등
	의료정보	건강상태, 진료기록, 신체장애, 장애등급, 병력, 혈액형, IQ, 약물테스트 등의 신체검사 정보 등
정신적 정보	기호성향정보	도서·비디오 등 대여기록, 잡지구독정보, 물품구매내역, 웹사이트 검색내역 등
	내면비밀정보	사상, 신조, 종교, 가치관, 정당·노조 가입여부 및 활동내역 등
사회적 정보	교육정보	학력, 성적, 출석상황, 기술 자격증 및 전문 면허증 보유내역, 상벌기록, 생활기록부, 건강기록부 등
	병역정보	병역여부, 군번 및 계급, 제대유형, 근무부대, 주특기 등
	근로정보	직장, 고용주, 근무처, 근로경력, 상벌기록, 직무평가기록 등
	법적정보	전과·범죄 기록, 재판 기록, 과태료 납부내역 등
재산적 정보	소득정보	봉급액, 보너스 및 수수료, 이자소득, 사업소득 등
	신용정보	대출 및 담보설정 내역, 신용카드번호, 통장계좌번호, 신용평가 정보 등
	부동산정보	소유주택, 토지, 자동차, 기타소유차량, 상점 및 건물 등
	기타수익정보	보험(건강, 생명 등) 가입현황, 휴가, 병가 등
기타 정보	통신정보	E-Mail 주소, 전화통화내역, 로그파일, 쿠키 등
	위치정보	GPS 및 휴대폰에 의한 개인의 위치정보
	습관취미정보	흡연여부, 음주량, 선호하는 스포츠 및 오락, 여가활동, 도박성향 등

(출처: 개인정보보호포탈(2021) privacy.go.kr)

라. 주요 개정내용

▶ 개인정보보호위원회의 중앙행정기관화

(1) 개정 〈개인정보보호법〉은 현행 대통령 소속의 보호위원회를 국무총리 소속의 중앙행정기관으로 하고, 독자적인 조직·인사·예산권 및 조사·처분 등 집행권과 의안제출 건의권 및 국회·국무회의 발언권을 부여하였다.

(2) 보호위원회의 위상에 절대적으로 요구되는 독립성 보장을 위해 국무총리 소속으로 하되 조사·처분 등 독립성이 요구되는 일부 기능에 대해서는 국무총리의 행정 감독권을 배제하였다.

▶ 개인정보 범위의 판단기준 제시

(1) 개정 〈개인정보보호법〉은 특정 개인의 식별 가능 여부에 대한 기준을 제시하였다. 현행법은 '해당 정보만으로는 특정 개인을 알아볼 수 없더라도 다른 정보와 쉽게 결합하여 알아볼 수 있는'이라는 정의와 관련하여 과연 '쉽게 결합하여'의 범위가 어디까지인지 여부가 명확하지 않아 법 적용의 어려움 등 논란이 지속되었다.

(2) 개정법은 '다른 정보의 입수 가능성' 등 기준을 제시하여 기업 등 이해관계자의 개인정보처리에 기존보다 명확한 기준

을 제시하였다. 아울러 익명정보라는 용어는 사용하지 않았으나, 익명정보는 〈개인정보보호법〉을 적용하지 않는다는 규정도 신설하였다.

▶ 가명정보의 제도화

(1) 개정 〈개인정보보호법〉은 데이터 활용을 활성화하기 위해 가명정보의 개념을 도입하고, 그 처리에 관한 특례 규정을 신설하였다.

(2) 이에 따라 개인정보처리자는 가명정보를 통계작성, 과학적 연구, 공익적 기록보존 등의 목적으로 정보주체의 동의 없이 처리할 수 있게 되었고, 개인정보처리자 간에 지정된 전문기관을 통해서 가명정보를 결합하여 이용할 수 있게 되었다.

▶ 수집목적과 합리적 관련 범위 내에서의 활용 확대

○ 개인정보처리자는 애초 수집 시에 고지한 수집목적과 합리적으로 관련된 범위 내에서 암호화 등 안전성 확보조치를 하였는지 여부 등을 고려하여 대통령령이 정하는 바에 따라 정보주체의 동의 없이 개인정보를 이용 또는 제공할 수 있다.

3 정보통신망법

가. 개요

▶ 〈정보통신망 이용촉진 및 정보보호 등에 관한 법률〉의 목적은 정보통신망의 이용을 촉진하고 정보통신서비스를 이용하는 자의 개인정보를 보호함과 아울러 정보통신망을 건전하고 안전하게 이용할 수 있는 환경을 조성하는 것이다.

▶ 정보통신망은 〈전기통신기본법〉 제2조 제2호의 규정에 따른 전기통신설비를 이용하거나 전기통신설비와 컴퓨터 및 컴퓨터의 이용기술을 활용하여 정보를 수집·가공·저장·검색·송신·수신하는 정보통신체제를 말한다.

▶ 정보통신서비스제공자는 〈전기통신사업법〉 제2조제8호의 규정에 따른 전기통신사업자와 영리를 목적으로 전기통신사업자의 전기통신역무를 이용하여 정보를 제공하거나 정보의 제공을 매개하는 자를 말한다.

▶ 개인정보는 생존하는 개인에 관한 정보로서 성명·주민등록번호 등에 의하여 당해 개인을 알아볼 수 있는 부호·문자·음성·음향 및 영상 등의 정보(당해 정보만으로는 특정 개인을 알아볼 수 없는 경우에도 다른 정보와 쉽게 결합하여 알아볼 수 있는 것을 포함)를 말한다.

나. 주요 개정내용

▶ 〈개인정보보호법〉과 유사·중복 규정 삭제

   ○ 〈정보통신망법〉의 개인정보보호 규정(제4장)에서 〈개인정보보호법〉과 유사·중복되는 규정들은 모두 삭제하였다. 예컨대, 개인정보 정의, 민감정보·주민등록번호 처리제한, 개인정보 처리위탁, 안전조치의무, 개인정보보호책임자 지정, 정보주체의 권리, 손해배상, 개인정보보호 인증 등의 규정은 모두 삭제하였다.

▶ 삭제된 일부 규정을 〈개인정보보호법〉 내에 특례 규정으로 이관

   (1) 삭제된 〈정보통신망법〉 규정 중에 〈개인정보보호법〉과 상이하거나 〈정보통신망법〉에만 존재하는 규정은 특례 규정으로 하여 〈개인정보보호법〉 제6장으로 편입하였다.

(2) 예컨대, 개인정보의 수집·이용, 유출통지 및 신고, 동의철회권, 손해배상, 국내대리인, 개인정보 국외 이전, 상호주의 등 규정과 해당 조항에 따른 과징금 및 형사처벌 조항도 함께 편입되었다.

▶ 〈정보통신망법〉에 존치하는 규정

○ 〈정보통신망법〉의 단말기 접근권한에 대한 동의, 주민등록번호 처리 관련 본인확인기관의 지정 등의 규정은 삭제하지 않고 존치한다. 이들 조항을 존치하는 이유는 개인정보 보호와 직접 관련이 없고, 그 적용 대상이 통신사업자 등 방송통신위원회 소관 사업자라는 특성을 반영하였기 때문이다.

가. 개요

▶ 신용정보는 금융거래 등 상거래 상대방의 신용을 판단할 때 필요한 정보로 특정 신용정보주체 식별 정보, 거래내용 판단정보, 신용도 판단정보, 신용거래능력 판단정보 등을 말한다.

▶ 개인신용정보는 신용정보 중 개인의 신용도와 신용거래능력 등을 판단할 때 필요한 정보로써 기업과 법인에 관한 정보를 제외한 살아 있는 개인에 관한 신용정보이며, 해당 정보만으로는 특정 개인을 알아볼 수 없더라도 다른 정보와 쉽게 결합하여 알아볼 수 있는 정보를 포함한다.

▶ 따라서 개인과 관련한 신용정보의 종류는 아래와 같다.

(1) 특정 신용정보주체를 식별할 수 있는 정보: 생존하는 개인의 성명, 연락처, 주소, 주민등록번호, 여권번호, 운전면허번호, 외국인등록번호, 성별, 국적 및 그 밖에 이와 비슷한 정

보를 말한다.

(2) 신용정보주체의 거래내용을 판단할 수 있는 정보: 개인의 대출, 보증, 담보제공, 당좌거래(가계당좌거래 포함), 신용카드, 할부금융, 시설대여와 금융거래 등 상거래와 관련하여 그 거래의 종류, 기간, 금액 및 한도 등에 관한 사항을 말한다.

(3) 신용정보주체의 신용도를 판단할 수 있는 정보: 금융거래 등 상거래와 관련하여 발생한 개인의 연체, 부도, 대위변제, 대지급과 거짓, 속임수, 그 밖의 부정한 방법에 의한 신용질서 문란 행위와 관련된 금액 및 발생·해소의 시기 등을 말한다.

나. 주요 개정내용

▶ 주요 개정 목적은 ① 빅데이터 분석·이용의 법적 근거 마련 등 금융분야 데이터 경제의 활성화, ② 본인신용정보관리업(MyData) 도입 및 현행 신용조회업의 업무체계 정비 등을 통한 신용정보 관련 산업의 규제체계 선진화, ③ 개인신용정보의 전송요구권 등으로 요약할 수 있다.

▶ 〈개인정보보호법〉과 유사·중복 조항의 정비 등

○ 개인신용정보의 처리, 그 업무의 위탁, 유통 및 관리와 신용

정보주체의 보호에 관하여 일반법인 〈개인정보보호법〉의 일부 규정을 금융 분야에 알맞게 특별법인 〈신용정보법〉에 수용하거나 일반법과 특별법의 적용 관계를 더욱 명확히 규정하였다.

▶ 가명정보의 개념 도입 등

(1) 추가정보를 사용하지 아니하고는 특정 개인을 알아볼 수 없도록 처리(가명처리)한 개인신용정보로서 가명정보의 개념을 도입하였다.

(2) 그리고 통계작성(시장조사 등 상업적 목적의 통계작성을 포함), 연구(산업적 연구를 포함), 공익적 기록보존을 위해서는 가명정보를 신용정보주체의 동의 없이도 이용하거나 제공할 수 있도록 규정하였다.

▶ 정보활용 동의제도의 내실화

○ 개정 〈신용정보법〉은 고지사항의 중요한 사항만을 발췌한 요약정보를 신용정보주체에게 알리고 정보활용 동의를 받을 수 있도록 하되, 신용정보주체가 요청할 경우 고지사항 전부를 알리도록 하는 등 신용정보주체에게 요약정보를 고지한 후에 동의를 얻는 가능성을 허용하였다.

▶ 새로운 개인정보자기결정권의 도입

○ 개인인 신용정보주체가 금융회사, 정부·공공기관 등에 대하여 본인에 관한 개인신용정보를 본인이나 본인신용정보관리회사, 다른 금융회사 등에게 전송해달라고 요구할 수 있는 개인신용정보의 전송요구권을 도입하였다.

▶ 신용정보 관련 산업의 규제체계 변경 등

(1) 금융거래에 관한 개인신용정보 외에 ① 개인신용정보만을 활용하여 개인인 신용정보주체의 신용상태를 평가하는 전문개인신용평가업과 ② 기업신용조회업으로서 기업정보조회업무, 기업신용등급제공업무 및 기술신용평가업무에 대해서는 허가요건을 낮추어 진입규제를 대폭 완화하였다.

(2) 이는 금융 분야 데이터산업에서 경쟁과 혁신을 촉진함과 동시에 사회초년생 등 금융이용 경험이 부족한 취약계층에 대한 개인신용평가 등의 정확성과 공정성을 높이고자 한 것이다.

가. 개요

▶ 당사는 2017년 1월에 설립된 소프트웨어 개발 및 공급 기업으로, 영상편집 솔루션 피보(PIVO) 등 신제품을 개발·생산하여 보급하고 있다.

▶ 당사에는 13개국 이상의 국적을 가진 직원들이 포진하고 있고, VR 서비스, ICT 스마트 기기 등을 연구·개발하고 스마트폰과 결합하여 개성 있는 촬영 콘텐츠를 쉽게 만들 수 있는 디바이스인 PIVO를 개발하였다.

▶ 2018년 ICT 스마트 디바이스 대상, 2018 위치기반서비스 최우수상, 2020년 아기유니콘 기업 선정 등 제품(서비스)의 독창성과 기술성을 인정받고 있다.

▶ 킥스타터, 인디고고 등의 글로벌 크라우드펀딩을 통해 미화 100만 달러 이상의 수출실적을 기록하였고, 미국, 일본 등 선

도기업들과 다양한 협업을 통해 글로벌 진출을 진행하고 있다.

나. 기술성(제품)

▶ 당사의 주요 제품(서비스)은 아래와 같다.

   (1) PIVO: 스마트폰과 결합하여 개성 있는 촬영이 가능한 영상
     편집 솔루션
   (2) INSITE: 360도 VR 기반 공간 커뮤니케이션 솔루션

▶ 360도 VR 기반 공간 커뮤니케이션 솔루션 INSITE는 제4차 산
업혁명 기술인 VR, AI 등의 기술을 결합하여 다양한 산업에
적용할 수 있다. 특별히 스마트 공장, 물류시설, 빌딩관리, 부
동산 등 공간과 관련하여 협업이 필요한 곳에 보급된다.

▶ 당사 제품에는 360VR 영상 스티칭 정보 추출 기술이 활용되었
다. 이 기술은 중첩영역이 존재하는 복수 개의 영상을 입력받
아 스티칭, 블렌딩 등의 영상처리 과정을 거쳐 360VR 영상 스
티칭 정보 및 360 VR 영상을 생성하는 기술이다.

▶ 이러한 특성을 바탕으로 당사 제품은 VR 여행 콘텐츠, VR 전
시관 서비스, VR 쇼핑몰, VR 교육 서비스, VR 헬스/스포츠,

VR 테마파크, VR 게임 등 대부분의 VR 관련 산업에 적용 가능할 것으로 보인다.

(출처: 당사 홈페이지 pivo.kr / 3i.ai)

다. 사업성(시장)

▶ 이 제품(서비스)을 통해 360VR 영상 구축을 위한 고가의 해외 솔루션 의존에서 벗어날 수 있고 관련 산업 활성화가 기대된다.

▶ VR 산업 활성화를 통해 VR 영상 제작/편집/재생과 관련된 전문인력 양성과 고용인력의 확대가 가능하다.

▶ 최근 국내 대기업과 일본 이동통신사 NTT에 당사의 기술을 제공하였고, 거리뷰처럼 촬영 장비를 가득 실은 차량이 진입하기 힘든 특정 건물 내부를 당사의 기술로 촬영해 영상화하는 혁신기술이 주목을 받고 있다.

▶ 세계 최고 반도체 제조업체의 스마트팩토리와 NTT 데이터센

터 서버룸을 3D VR 기반으로 관리하는 솔루션 공급계약을 체결하고 사업을 진행 중이다.

라. 기술창업 착안점

▶ 당사의 제품(서비스)은 평면도를 펴놓고 특정 공간에서의 작업을 지시하는 아날로그 방식에서 탈피해 VR 기반 디지털 트윈 기술로 구축된 디지털 공간에서 작업 지시를 내리고 결과물을 보는 것을 가능하게 한다.

▶ 최근 비대면 회의 및 교육이 강화되고 있는 상태에서 당사의 영상편집 기술은 매우 유용하게 활용될 것으로 기대한다. 특히 건물 내 입체영상을 제공하고 이를 분석하는 기술로 유용하다.

※ 사례연구는 공개된 자료원을 토대로 작성된 것으로, 본문의 구체적인 사안과 관계없이 독립적으로 서술되었으며 기술창업 착안점 등은 필자의 견해가 반영되어 실제 기업의 사실과 차이가 있을 수 있음.

제8장

공공조달
(사례연구: 스마트병원)

창업기업은 대량 생산한 제품(서비스)을 공공조달을 통해 공공기관 등에 납품하는 영업 전략을 수립하게 된다. 국가계약법과 지방계약법을 근거로 한 공공조달은 적용 법률에 따라 계약방식, 낙찰자 결정기준 등이 달라질 수 있으므로 이를 확인하는 것이 필요하다. 특히 창업초기기업은 우수제품제도, 다수공급자계약 등을 이용할 필요가 있고, 국가종합전자조달 창구인 나라장터, 벤처나라, 혁신장터 등을 적절히 이용할 필요가 있다. 더불어 전자입찰에 따른 유의사항을 숙지하여 불이익이 없도록 하고, 각종 제품 또는 기술 인증을 통해서 우대받을 수 있는 사항을 확인한다.

▶ 창업 후 개발된 제품(서비스)을 공공기관에 납품하기 위해서는 공공조달에 관한 이해와 전략이 필요하다.

▶ 공공조달은 정부가 공공재 공급을 위해 민간 등 다른 부문으로부터 재화 또는 서비스(물품, 공사 및 용역 등)를 획득하는 것이다. 여기서 '정부'는 국가, 지방자치단체 및 공기업·준정부기관을 포함한 공공기관 등 광의의 정부를 의미한다.

▶ 따라서 공공조달은 중앙정부 및 지방자치단체와 공공기관의 조달 계약을 모두 포함하며 공공조달계약, 공공계약, 국가계약, 정부계약이라는 용어도 함께 사용된다.

▶ 공공 계약의 전자조달은 조달청이 구축한 국가종합전자조달시스템(G2B 또는 나라장터)을 이용하여 국가, 지방자치단체와 공공기관이 물품 구매나 시설공사 및 용역 등을 계약하는 것이다.

○ 국가 등은 전자조달시스템을 통해 입찰 공고를 하고, 입찰

에 참여하는 업체는 같은 시스템을 통해 입찰 참가 신청 등 필요한 서류를 제출한다.

▶ 국방 관련 조달은 국방전자조달시스템을 통해 진행한다. 계약 체결도 전자서명을 활용하고 계약 이행 대가도 계좌이체 등을 통해 지급되는 등 모든 조달절차가 비대면으로 처리되고 있다.

▶ 공공구매에 관한 법률은 〈국가를 당사자로 하는 계약에 관한 법률〉(국가계약법)과 〈지방자치단체를 당사자로 하는 계약에 관한 법률〉(지방계약법)이 있다.

○ 적용 법률에 따라 계약방식, 낙찰자 결정기준이 달라지므로 공급하려고 하는 공공기관과 지역이 적용하는 계약법령을 명확히 알고 업무를 추진한다.

▶ 국가종합전자조달시스템인 나라장터에서 입찰 공고를 확인하기 위해 원하는 정보를 사전에 설정하여 업무의 효율성을 높인다.

(1) 나라장터에 로그인 후 '관심 입찰 설정' 메뉴를 클릭한 후 업무, 물품, 업종, 지역, 관심 공고 등을 선택하여 관심 입찰 을 설정한다.
(2) 업무 설정은 물품, 외자, 공사, 비축, 용역, 리스, 민간 중 하나를 선택한다.

(3) 업종 설정과 지역 설정은 관심 있는 업종, 면허와 지역을 각각 지정 선택한다.

(4) 관심 입찰 설정을 해놓은 상태에서 나의 나라장터 관심 입찰을 클릭하여 설정한 관심 입찰 공고를 확인한다.

(5) 나라장터 > 알림이/뉴스레터 설정에서 관심 있는 입찰 공고 목록을 선택하여 메일링 서비스를 신청한다.

▶ 기술창업기업이 공공 조달시장에 진출하기 위해서는 우수제품제도, 다수공급자계약(Multiple Award Schedule, MAS)제도, 벤처나라 등을 활용한다.

(1) 우수제품제도(조달청 우수제품과)는 조달물자의 품질 향상을 위해 1996년에 도입한 제도로, 중소기업이 생산한 제품 중 기술과 품질이 우수한 제품을 대상으로 평가를 거쳐 지정되며 국가계약법령에 따라 수의계약으로 각급 공공기관에 우선 공급된다(정부우수조달협회, 산업융합품목 가점 최대 3점).

(2) 혁신제품은 수시로 접수 평가하며 성장유망제품 대상은 제4차 산업혁명 관련 8대 핵심선도 산업분야의 제품 등이 해당한다. (① 초연결지능화 ② 스마트 공장 ③ 스마트팜 ④ 핀테크 및 블록체인 ⑤ 자율주행차 ⑥ 스마트시티 ⑦ 에너지신산업 ⑧ 드론)

(3) 다수공급자계약제도(MAS, 조달청 서비스계약과)는 조달청이 품질·성능·효율이 동등하거나 유사한 물품을 다수의 업체와 계약해 나라장터 종합쇼핑몰(shopping.g2b.go.kr)에 등록

해 놓으면 공공기관이 별도의 계약절차 없이 선택해 구매하는 것이다.

(4) 조달청은 창업·벤처기업 전용몰인 '벤처나라'를 구축하고, 기술력이 있는 창업 초기기업들이 나라장터에서 거래하기 어려운 융합 혁신제품과 서비스를 홍보하고 거래할 수 있게 한다(산업융합품목은 기술평가 면제).

명칭	별칭	사이트	입찰정보
국가종합 전자조달	나라장터	www.g2b.go.kr	물품/공사/용역 입찰
	혁신장터	ppi.g2b.go.kr	물품/공사/용역 입찰 (혁신제품)
	벤처나라	venture.g2b.go.kr	물품/공사/용역 입찰 (벤처기업)

▶ 공공조달 관련 법령은 아래와 같다.

(1) 조달사업에 관한 법률, 시행령, 시행규칙
(2) 전자조달의 이용 및 촉진에 관한 법률, 시행령, 시행규칙
(3) 물품관리법, 시행령, 시행규칙
(4) 물품목록정보의 관리 및 이용에 관한 법률, 시행령, 시행규칙 등

▶ 공공 계약 관련 법령은 다음과 같다.

(1) 국가를 당사자로 하는 계약에 관한 법률, 시행령, 시행규칙

(2) 지방자치단체를 당사자로 하는 계약에 관한 법률, 시행령, 시행규칙

(3) 공공기관의 운영에 관한 법률, 시행령

(4) 공기업·준정부기관 계약사무규칙 등

우수제품제도

가. 개요

▶조달청 우수제품제도

(1) 조달청 우수제품 제도는 조달물자의 품질향상을 위하여 1996년에 도입된 것으로 중소기업 및 초기 중견기업이 생산한 제품 중 기술 및 품질이 우수한 제품을 대상으로 엄정한 평가를 통해 지정하는 제도이다.

(2) 우수제품으로 지정된 제품은 국가계약법령에 따라 계약을 체결하고 각급 수요기관에 조달된다.

▶ 우수제품 제도의 근거

○ 조달청 우수제품은 〈조달사업에 관한 법률〉 제9조의2 및 동법 시행령 제18조(우수조달물품등의지정)와 〈우수조달물품지정관리규정〉(조달청고시)에 의하여 지정 및 관리된다.

▶ 우수제품 지정대상

○ 중소기업 및 초기 중견기업이 생산한 물품과 소프트웨어
(software)를 대상으로 적용기술 제품을 지정하며, 적용기술
과 품질 소명자료는 아래와 같다.

우수제품 지정대상

구분	소관	소명자료
신제품(NEP) 또는 신제품(NEP) 포함 제품	NEP(산업통상자원부)	① 성능인증(중소벤처기업부) ② GR인증(기술 표준원) ③ GS인증(한국정보통신기술협회, 한국산업기술시험원) ④ 환경마크(한국환경 산업기술원) ⑤ 고효율에너지 기자재인증(에너지관리공단) ⑥ K마크(한국산업 기술시험원) ⑦ 품질보증조달물품(조달청) ⑧ 지능형 로봇 품질인증(한국로봇산업진흥원) ⑨ 보건제품 품질인증(보건산업진흥원) ⑩ 신뢰성인증(산업통상자원부)
신기술(NET) 적용 제품	〈산업기술혁신촉진법〉 등에 따라 주무부장관(주무부장관으로부터 위임받은 자를 포함한다)이 인증한 신기술(NET 등)	
특허·실용신안 적용 제품	국내 특허에 한함(특허청)	
저작권 등록된 GS인증 제품 (소프트웨어)	① 한국정보통신기술협회 ② 한국산업기술시험원	
연구개발사업 기술 개발성공제품	연구개발사업 추진기관 및 조달청	

(출처: 조달청 홈페이지 pps.go.kr)

조달청 우수제품 지정절차

구분	내용
대상	① 중소·벤처기업이 생산하는 제품 중 기술과 품질이 우수한 제품 ② 우수조달물품지정관리규정 제3조 제1항 참조
신청	① 우수제품 지정신청 온라인 시스템을 통한 신청 가능 ② 우수제품 지정신청 온라인 시스템 접속 방법 - 조달청 홈페이지(www.pps.go.kr→업무안내→주요정책→우수제품→우수제품지정신청) - 조달청 홈페이지(www.pps.go.kr→바로가기→우수제품지정신청)
심사	① 대학교수, 특허심사관, 변리사 등 분야별 전문심사위원이 엄정 심사 ② 조달청 홈페이지 등을 통해 신청제품 공개 후 이해 관계인의 의견 사전 수렴 ③ 기술 및 품질의 우수성, 벤처기업 지원효과 등 종합심사
지정	① 신청기간은 매년 말 조달청 및 나라장터 홈페이지 등을 통해 공고 ② 지정기간: 우수제품의 지정기간은 3년이며 해외수출실적, 적용기술 유효 여부, 수요기관 납품실적 유무 등을 고려하여 최대 3년 연장
계약	① 제3자단가계약: 우수제품 지정 후 희망하는 업체가 나라장터 종합쇼핑몰에 우수제품 등록하여 판매를 원하는 경우(담당부서: 우수제품구매과) ② 총액계약: 제품의 성격에 따라 제3자단가계약을 체결하지 않은 우수제품을 구매하고자 하는 경우(담당부서: 조달청 및 각 지방청 계약부서)

(출처: 조달청 홈페이지 pps.go.kr)

나. 우수제품 지정(2021년)

▶ 2021년도 조달청 우수제품 지정 계획은 아래와 같다.

(1) 〈조달사업에 관한 법률〉 제26조(우수조달물품등의 지정) 제1항 제1호에서 정한 기업이 생산하는 물품 및 소프트웨어로, 〈우수조달물품 지정관리 규정〉 제3조에 해당하는 제품을

지정대상으로 한다.

(2) 신청일정 및 기한은 아래와 같다.

[제1회]	[제2회]
2021. 02. 01. ~ 2021. 02. 16.	2021. 04. 26. ~ 2021. 05. 10.
[제3회]	[제4회]
2021. 07. 05. ~ 2021. 07. 16.	2021. 09. 15. ~ 2021. 10. 01.

(3) 아래 성장유망제품 대상은 기존 기술·품질 평가 비율 5:5에서 6:4로 조정하고, 혁신성 평가 배점을 30점으로 확대하되 세부 지표를 신설해 '성장유망제품 우수제품지정심사서'로 평가한다.

분야	순번	성장유망제품	세부품명번호
드론	1	드론	2513189901
에너지신산업	2	초소형 승용전기차	2510150903
	3	태양광발전장치	2611160701
	4	지열히트펌프	4010180603
초연결지능화	5	3차원 프린터	2326150701
	6	출입통제시스템	4617161901
스마트시티	7	무인교통감시장치	4617168501
	8	빌딩자동제어장치	3912180101
	9	주차제어장치	2410168901
	10	보행자 자동인식신호기	4616152603
기타	11	성장유망제품으로 신기술서비스업무심의회에서 결정한 신청제품	

다수공급자계약

▶ 기존의 최저가 1인 낙찰자 선정 방식은 다양성이 부족하고 품질이 저하된다는 문제점이 계속 지적되었다. 따라서 다수의 공급자를 선정하여 선의의 가격, 품질경쟁을 유도하는 동시에 수요기관의 선택권을 제고하기 위해 도입되었다. 이 제도는 정보통신기술의 발전 및 인터넷 확산에 따른 전자상거래 시대에 적합하다.

▶ 각 공공기관의 다양한 수요를 맞추기 위하여 품질, 성능, 효율 등에서 동등하거나 유사한 종류의 물품을 수요기관이 선택할 수 있도록 3인 이상을 계약상대자로 하는 계약제도이다.

○ 납품실적, 경영상태 등 일정한 기준에 적합한 자를 대상으로 협상을 통해 계약을 체결하고, 수요고객이 직접 나라장터 종합쇼핑몰(shopping.g2b.go.kr)에서 자유롭게 물품을 선택한다.

▶ 다시 말해 다수공급자계약제도(MAS)는 3인 이상을 계약상대

자로 하는 제도로 일반 소비자가 온라인 쇼핑몰에서 제품을 사는 것처럼, 수요기관에서도 나라장터 종합쇼핑몰에서 필요한 물품을 골라 구매할 수 있다.

▶ 규격(모델)이 확정되고 상용화된 물품을 대상으로 하며 대상품목은 아래와 같다.

(1) 연간 납품실적이 3천만 원 이상인 업체가 3개사 이상일 것, 업체 공통의 상용규격 및 시험기준이 존재할 것
(2) 단가계약(제3자 단가계약 포함)이 가능한 물품
(3) 기타 조달청장이 필요하다고 판단하는 물품 등

▶ 다수공급자계약의 세부내용은 아래와 같다.

(1) 품질, 성능, 효율 등에서 동등하거나 유사한 물품을 공급하는 업체들에게 조달청과 계약할 수 있는 기회를 제공한다 (예: 공기청정기의 경우 L사, S사 등이 생산하는 공기청정기를 계약해 주도록 조달청에 요청).
(2) 계약에 참여하기를 희망하는 기업 중 입찰참가자격 충족 여부 및 협상 대상품목 결정을 위하여 적격성 평가를 실시한다.
(3) 다수공급자계약 업무처리규정에서 정한 결격사유가 없고 입찰참자자격 등이 충족된 기업은 규격서와 시험성적서 등을 제출하고 적격판정 받은 품목에 대하여 가격자료를 제출

한다.

(4) 조달청은 자체적으로 가격을 조사하여 협상 기준가격을 책정한다.

(5) 조사, 책정된 가격을 기준으로 가격을 협상하되 가격담합, 덤핑 등으로 가격협상이 어려운 경우에는 외부위원이 참여하는 가격심의회를 개최, 최종적으로 가격을 결정한다.

(6) 가격협상이 성립되면 품목별로 다수의 공급자와 계약을 체결한다(예: 공기청정기 10평형 계약의 경우 L사 30만 원, S사 32만 원, D사 32만 원).

(7) 품목별로 다수 공급자의 제품을 나라장터 종합쇼핑몰에 등재하면, 수요기관은 민간 쇼핑몰과 같이 선호하는 업체의 제품을 구매하게 된다.

창업기업 공공조달

가. 벤처나라

▶ 벤처나라는 공공조달시장에서 창업·벤처기업 제품을 선도적으로 구매하여 판로개척 및 성장을 지원하는 전용 상품몰이다.

▶ 창업 벤처기업 제품 중 기술 및 품질이 우수하여 산업부, 광역자치단체 등 추천기관이 추천한 제품을 조달청이 평가한 후 '벤처창업혁신조달상품'으로 지정하여 벤처나라에 등록한다.

▶ 벤처나라에 등록된 상품은 최대 5년간 5만여 공공기관에 홍보되고, 기관 업체 간 전자견적 바로 주문 등을 통해 편리하게 온라인으로 직접 거래가 가능하다.

▶ 벤처나라는 수요기관과 벤처창업혁신조달상품 생산기업 간 1인 견적 수의계약 방식의 주문거래 방식이다.

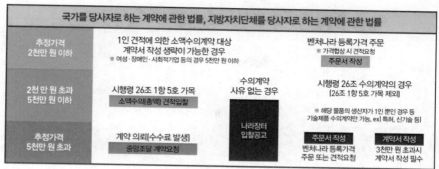

금액대별 주문방식 (출처: 조달청)

나. 혁신장터

▶ 혁신 시제품 시범구매란

　(1) 상용화되기 전에 혁신제품을 공공기관이 초기 구매자가 되어 사용하고, 그 결과를 공개하여 구매 확산을 유도하는 제도이다.

　(2) 조달청에서 공공서비스 개선에 적용할 상용화 전 혁신제품을 제안받아 공공성 및 사회적 가치, 혁신성, 시장성 등을 평가하여 제품을 지정한다.

▶ 혁신 시제품 구매 목적은 다음과 같다.

　(1) 수의계약 대상제품으로 판로 지원

(2) 상용화를 위한 실증테스트 지원

(3) 실적 및 실증자료 확보로 제품 상용화 지원

(4) 국내 기술혁신 산업 성장지원 등

▶ 창업기업의 준비 사항은 아래와 같다.

(1) 세부물품분류번호 제조 등록
- 신청하려는 제품이 시스템 등 여러 품목으로 구성되는 경우 하나의 세부품명으로 통합된 것을 등록해야 한다.
- 품명등록 과정 중 융·복합품명을 등록하는 경우, 비고란에 '조달청 혁신시제품 신청용'이란 문구를 반드시 기재한다.
- 혁신 시제품의 세부물품분류번호는 반드시 제조로 되어 있어야만 신청할 수 있다.

(2) 물품식별번호 등록
- 입찰참가자격 등록 시 선택한 세부물품분류번호가 신청 상품과 일치하여야 물품식별번호가 부여된다.
- 품목등록 과정 중 활용구분에 '조달청 혁신시제품 신청용'으로 선택한다.

(3) 혁신 시제품 공고 확인
- 혁신 시제품 공고는 조달청 혁신장터에서 확인 가능하며, 온라인으로 신청할 수 있다.

- 혁신 시제품은 온라인 신청만 가능하며, 신청 기간 마감일까지 온라인 시스템을 통해 최종 접수한다.

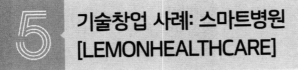

5 기술창업 사례: 스마트병원 [LEMONHEALTHCARE]

가. 개요

▶ 당사는 2017년 6월에 설립된 응용 소프트웨어 개발 및 공급업체로서 스마트병원 등 의료 소프트웨어 사업을 영위하고 있는 자본금 38.8억 원 규모의 기업이다.

▶ 병원, 약국, 보험사, 핀테크, 인슈어테크를 폭넓게 아우르는 사업모델을 구축하고 있다.

▶ 당사는 시리즈 B 규모의 투자를 유치하고 2019년 과학기술정보통신부로부터 대한민국 ICT 이노베이션 대상을 받았다.

나. 기술성(제품)

▶ 당사의 주요 제품(서비스)은 다음과 같다.

(1) 레몬케어: 환자들의 진료 안내부터 보험과 전자처방 전달까지 관리하는 의료시설의 맞춤형 환자용 서비스

(2) 레몬케어Plus: 의료진과 직원들의 모바일 기기를 통해 정보 공유 및 실시간 소통을 지원하는 의료전용 Smart Work 서비스

(3) 레몬케어365: 레몬케어의 핵심적인 기능만을 담아 중소형 병원 의원에 최적화된 서비스

(4) 청구의 신: 병원의 진료 내역을 확인하여 실손 보험 청구와 제반 증명 발급까지 관리해주는 간편한 보험청구 서비스

▶ 국내 서울대병원, 세브란스병원, 부산대병원 등 국내 총 50여 개 중대형 종합병원에 스마트병원 헬스케어 서비스를 구축하여 운영하고 있다.

레몬케어
환자 중심 양방향 서비스 플랫폼
병원 방문에서 약국처방까지
전 과정 서비스 지원

레몬케어Plus
의료진들의 모바일 기반 업무 지원
진료, 간호, 협진 등의 서비스

레몬케어365
병의원급 핵심 기능 탑재
진료예약, 조회, 결제 등 제공

(출처: 당사 홈페이지 lemonhealthcare.com)

▶ 서비스는 진료 예약, 진료 내용 및 검사 결과 실시간 확인, 진료비 결제 등 다양한 의료서비스를 원스톱으로 제공하고 있다.

다. 사업성(시장)

▶ 병원 의료 환자가 간편하게 보험금을 청구하는 서비스를 개발하기 위해 병원 및 손해보험사 등과 업무제휴를 체결하고, 의료 환자가 서류 발급 등 별도 절차를 거치지 않고 바로 실손 의료보험금을 청구할 수 있게 한다.

▶ 의료정보 기반의 개인 맞춤형 헬스케어 비즈니스를 만들어내고 있다. 2017년 국내 최초로 스마트병원 구현을 위한 환자용 애플리케이션(앱) 서비스를 선보이며 환자 중심의 진료 문화를 선도하고 있다.

▶ 약 60여 개의 상급종합병원, 종합병원의 의료 데이터와 환자를 연결하는 레몬케어 플랫폼 기반의 환자용 앱 서비스를 통해 진료비 결제부터 전자처방전 발급과 실손 보험 간편 청구까지 진행하고 있다.

▶ 특히 환자의 PHR(Personal Health Record) 기반 건강 측정 데이터, 건강검진 데이터, 유전자 분석 데이터 기반의 건강 분석 서

비스를 제공해 개인 맞춤형 헬스케어 서비스를 강화하고 있다.

라. 기술창업 착안점

▶ 주요 서비스 중에 개인별 생체나이 예측과 DNA 분석 결과 데이터를 활용한 서비스가 있다. 즉 건강검진 결과 데이터를 활용해 생체나이 분석 서비스를 제공하고, 10대 주요 질환 발병률 예측 서비스 등을 제공한다.

▶ DNA 유전자 검사 및 건강 코칭 프로그램은 유전자 분석 결과를 마이 데이터 형태로 활용할 수 있는 유전자 분석 서비스가 가능하다.

▶ COVID-19 팬데믹으로 새로운 표준이 일상으로 자리 잡는 뉴노멀 시대가 도래하고 있다. 산업의 성장성과 산업구조 재편 등을 고려할 때 바이오 및 헬스케어 분야가 포스트 코로나 시대에 유망한 산업으로 부상하고 있다.

▶ 스마트병원 앱에서 진료과목 의사 및 일정을 선택해서 원격 화상 진료, 전화 진료, 채팅 상담을 받을 수 있고, 진료 후 앱에서 처방전을 받아 미리 등록한 카드로 결제도 가능하다.

▶ 앱을 통해 격리 환자의 감염을 예방하고 보호자의 원격 면회를 가능하게 해주는 360도 VR 병문안, 거동이 불편한 환자들을 위한 힐링 서비스, 공기 질 점검 등 환자와 보호자의 편의성을 제공한다.

▶ 향후 AI 알고리즘, 빅데이터, 로봇 서비스, 웨어러블 기기 등을 활용하여 의료 현장 곳곳에서 제품(서비스)의 고도화가 가능하다.

※ 사례연구는 공개된 자료원을 토대로 작성된 것으로, 본문의 구체적인 사안과 관계없이 독립적으로 서술되었으며 기술창업 착안점 등은 필자의 견해가 반영되어 실제 기업의 사실과 차이가 있을 수 있음.

제9장

재기지원
(사례연구: 핀테크)

창업기업이 발전하여 중견기업으로 성장하던 중 일시적인 운전자금 경색으로 법인 회생절차에 들어가는 경우가 있다. 법인 회생절차를 신청하고 회생인가 및 조기 종결한 회생기업은 한국자산관리공사 등 금융 공기업에서 추진하는 재기지원사업을 통해 운전자금을 조달하고 재도약하기도 한다. 재기지원사업은 많은 기업들이 조기 정상화하는 발판으로 삼고 있어 이에 대한 기본적인 사항을 다시 한 번 강조하고자 한다. 사실 신규로 기업을 창업하는 것보다 기존 기업을 생존시키는 것이 국가적 비용을 절감하는 면에서 효과가 더 크다.

1 의의

▶ 법인 회생절차 및 재기지원 사업은 중소벤처기업진흥공단(이하 중진공)에서 시작하여 한국자산관리공사(이하 캠코)로 마무리된 다고 해도 과언이 아니다.

▶ 중진공은 경영위기 기업에 대해 ① 진로제시 컨설팅을 시행하고 사업정리가 필요한 기업에 대해 효율적인 사업정리 방안을 제시하며, ② 회생 가능성이 큰 기업에 대해 회생 컨설팅을 진행하고 법원 회생절차를 지원한다. 또한, ③ 경영위기기업의 실질적인 체질개선을 위해 구조개선 계획수립도 지원한다.

(1) 진로제시 컨설팅: 전문가가 기업을 방문, 진단하고 해당 기업의 향후 진로에 대해 맞춤형 처방을 제시한다.
- 법원 회생절차를 통해 재기지원이 필요한 기업은 회생 컨설팅을 통해 회생절차 수행을 지원한다.
- 자구적으로 경영위기 극복이 가능한 기업은 자금, 컨설팅, 자산매각 등 심층 상담한다.
- 회생보다는 사업정리 후 재도전이 유리한 기업은 파산 제도,

신용회복 방법, 재기 교육 등을 연계 지원한다.

  (2) 회생 컨설팅: 회생 가능성이 큰 중소벤처기업을 선별하여 법원 회생절차 수행을 통해 신속한 경영정상화 및 효율적인 회생을 지원한다.
  - 회생절차 신청서 작성, 채권조사, 회생 계획안 작성, 기타 회계 세무·법률 자문 등을 지원한다.

▶ 중진공에서 운영하는 재도전종합지원센터는 재도전이 가능한 경우 재기 상담부터 자금지원, 사후 멘토링까지 재도전의 전 과정을 일괄 지원하며 세부내용은 아래와 같다.

  (1) 법률, 세무, 회생절차 등 심층 상담,
  (2) 재창업자금, 구조개선전용자금 지원 및 교육,
  (3) 자금지원기업 신용회복,
  (4) 진로제시컨설팅, 회생컨설팅,
  (5) 멘토링을 통한 사후관리 등

▶ 지원대상은 경영위기기업, 사업실패 후 재기를 준비 또는 진행하고 있는 재도전 기업이다(부도, 폐업 이후 심리치유 및 재창업 역량 강화, 신용회복상담 및 자금지원 등을 통해 재도전 활성화).

신청		심층상담		처방		실행지원
			>	구조개선	>	구조개선 전용자금 지원 및 멘토링
			>	기업회생	>	회생절차 신속 지원 (진로제시, 회생컨설팅 등)
위기 기업	>	전문가 상담	>	사업정리	>	폐업, 파산 등 사업정리 안내
			>	소송대응	>	법률상담 등

법인 회생절차

▶ 회생절차란

  (1) 재정적 어려움으로 파탄에 직면해 있는 채무자에 대하여 채권자, 주주·지분권자 등 여러 이해관계인의 법률관계를 조정하여 채무자 또는 그 사업의 효율적인 회생을 도모하는 제도이다.

  (2) 이는 사업의 재건과 영업의 계속을 통한 채무 변제가 주된 목적으로, 채무자 재산의 처분·환가와 채권자들에 대한 공평한 배당이 주된 목적인 파산과 구별된다.

▶ 회생절차는 ① 채무자, ② 자본의 1/10 이상에 해당하는 채권을 가진 채권자, ③ 자본의 1/10 이상에 해당하는 주식 또는 지분을 가진 주주·지분권자가 신청할 수 있다.

가. 신청 후 조치

▶ 회생절차 개시신청이 있는 경우, 먼저 법원은 회생절차에 필요한 비용의 예납을 명하고, 대표자 심문을 한다.

▶ 통상 채무자가 회생절차 개시 결정 전에 방만하게 사업을 경영하거나 재산을 도피·은닉할 위험을 방지하기 위해 재산에 대한 보전처분결정을 하게 된다.

▶ 법원은 보전처분결정으로 회생절차 개시 결정이 있을 때까지 채무자에게 변제금지·일정액 이상의 재산 처분금지·금전차용 등 차재금지·임직원채용금지 등을 명하게 된다.

▶ 법원은 채무자의 재산에 대한 개별 강제집행절차의 중지명령 등을 하거나, 모든 회생채권자 및 회생담보권자에 대하여 장래의 강제집행 등을 금지하는 포괄적 금지명령을 할 수 있다.

▶ 회생절차 개시신청의 취하는 개시 결정전까지만 할 수 있는데, 보전처분이나 중지 명령, 포괄적 금지명령이 내려진 후의 취하는 법원의 허가를 받아야 한다.

나. 개시 후 효과

▶ 회생절차 개시결정에 의하여, 채무자의 업무 수행권이나 재산의 관리처분권은 채무자로부터 법원에 의하여 선임된 관리인 또는 관리인 불선임 결정에 따라 관리인으로 보게 되는 채무자의 대표자(또는 개인 채무자)에게 이전된다.

▶ 이러한 관리인 등의 행위는 법원의 감독 아래 놓이게 되며 법원의 허가를 받도록 정한 사항에 관하여는 법원의 허가 결정을 받은 경우에만 유효하게 된다.

▶ 회생절차가 개시된 경우에는 신청인이 취하는 할 수 없으며, 법원은 사업을 청산할 때의 가치가 사업을 계속할 때의 가치보다 큰 것이 명백하게 밝혀진 때 등의 경우에 폐지할 수 있다.

다. 업무 절차 등

▶ 법은 기존 경영자(대표자)를 관리인으로 선임하거나 관리인 불선임 결정에 의하여 기존 경영자(대표자)를 관리인으로 보도록 하는 것을 원칙으로 하는 '기존 경영자 관리인 제도'를 규정하고 있다.

▶ 이를 통해 부실기업의 조기 회생절차 진입과 경영노하우의 계속적인 활용으로 회생절차의 효율성을 도모하고 있다.

▶ 반면, 채무자의 재정적 파탄의 원인이 개인인 채무자, 법인의 이사, 채무자의 지배인이 행한 재산의 유용 또는 은닉이나 중대한 책임이 있는 부실경영에 기인하는 때에는 기존 경영자가 아닌 제3자를 관리인으로 선임한다.

▶ 법원은 회생절차에서 채무자의 재무·경영분석, 채무자가 재정적 파탄에 이르게 된 경위, 청산가치와 계속기업가치의 산정 등 고도의 전문적인 회계·경영·경제지식과 판단능력이 요구되는 사항의 조사를 명하기 위하여 조사위원을 선임한다.

▶ 통상적으로 개시 결정 무렵 조사위원이 선임되고 있으며, 법원이 정하는 일정 기간 내에 회사의 재산상태 등을 조사한 보고서를 제출하게 하여 회생 인가 여부를 결정한다.

가. 한국자산관리공사

▶ 한국자산관리공사(이하 캠코)는 중소기업의 효율적 회생 지원을
위하여 '기업구조혁신지원센터'를 운영하고 있다.

▶ 채무자는 캠코의 기업구조혁신지원센터를 통해 투자자 매칭 지
원, 자산 매입 후 임대 프로그램 등 다양한 지원 방안을 안내
받을 수 있다.

▶ 캠코의 기업-투자자 매칭 지원은 민간투자자로부터 투자받아
경영 애로사항을 해결하고자 하는 구조개선 기업을 대상으로
한다.

▶ 민간투자자의 투자는 신규 자금 제공(CB 인수 등) 외 Buy-Out,
M&A 및 사업구조조정 등 다양한 방식이 있다.

나. 중소벤처기업진흥공단

▶ 중소기업진흥공단(이하 중진공)으로부터 회생 컨설팅 지원대상으로 선정된 회생신청 중소기업에 대하여 조사위원 선임을 생략하고 그 역할을 회생 컨설팅 수행기관인 회생 컨설턴트로 하여금 수행하도록 하며, 나아가 회생기업의 실질적 회생을 돕기위해 사업구조 개편이나 구조조정에 대한 조언 등 회생 컨설팅을 제공한다.

▶ 회생 컨설팅 지원대상 중소기업은 회생 컨설팅 사업 주관기관인 중진공에서 선정하고, 회생 컨설턴트 수행비용도 일부 회생기업 자체부담금 및 부가가치세를 제외하고 3,000만 원 범위에서 지원한다.

▶ 기업회생절차를 진행하기 위해서는 신청대리인 선임비용, 조사위원 보수 등 상당한 비용이 필요한 바, 이는 경제적 파탄상태에 이른 중소기업에 상당한 부담이 되고 있다.

  ○ 따라서 중진공으로부터 용역수수료를 지급받는 회생 컨설턴트로 하여금 조사위원의 역할을 대신하게 함으로써 조사위원 보수지급 부담을 덜고, 절약한 비용을 회생기업 운영자금이나 변제재원으로 투입하도록 하여 회생기업의 재기에 도움을 주고자 한다.

▶ 진로제시 컨설팅은 아래와 같다.

(1) 회생법원에 회생절차 개시신청을 하기 전에 지원이 이루어지는 컨설팅이다.

(2) 지원대상 선정 여부가 회생절차 개시신청 이전에 결정되고, 회생기업에 대한 실사를 통해 회생절차 이외의 다른 방향의 해결책도 함께 모색한다.

(3) 회생절차 개시신청서 제출 단계부터 지원이 이루어지므로, 조사위원 보수뿐만 아니라 신청대리인 비용을 절약할 수 있는 장점이 있다.

▶ 협의의 회생 컨설팅은 아래와 같다.

(1) 회생절차 개시신청을 한 후 지원이 이루어지는 컨설팅이다.

(2) 중소기업이 회생법원에 회생절차 개시신청을 한 후 보전처분 단계에서 법원의 안내를 받아 중진공에 지원 신청한다.

(3) 지원대상 선정 여부가 회생절차 개시 결정 무렵에 결정되어, 회생절차 진행 중 지원사업 협약서를 작성한다.

(4) 회생절차 개시신청 후 회생 컨설팅 지원이 이루어지므로 신청대리인의 비용 절감효과는 기대하기 어렵지만, 조사위원 보수비용 절감효과가 있다.

▶ 중진공의 지원내용은 다음과 같다.

(1) 회생절차 개시신청부터 회생계획 인가 시까지 전 과정에 대한 상담·자문 등을 지원하고, 회생컨설턴트가 관여하여 작성된 관리인 조사보고서는 조사위원 조사보고서로 갈음한다.

(2) 다만, 회생기업은 회생컨설팅 지원여부와 상관없이 회생절차 개시신청 후 법원이 명한 예납금을 납부하여야 하고, 회생계획 인가 후 예납금을 반환받을 수 있다.

다. 연합자산관리(주)

▶ 연합자산관리(주)는 2016. 6. 22. 법원과 업무협약을 체결하고, 아래와 같은 내용의 회생기업 지원 업무를 수행하고 있다.

(1) 인가 전 또는 인가 후 M&A 진행 기업의 인수

(2) 인가 전 또는 인가 후 회사에 대한 신규자금 투입

(3) 회생담보권 변제 목적의 비영업용 또는 영업용 자산 매수

▶ 회생절차 진행 기업의 설립 목적, 자산 규모 등에 따라 지원 여부가 결정된다.

(1) 우선지원 대상은 제조업으로 자산 100억 이상 기업

(2) 인가 전 또는 인가 후 M&A 진행 기업의 인수 등

▶ M&A 절차에서의 경쟁자 또는 잠재적 매수인으로서 회생기업의 인수 및 회생절차의 원활한 진행을 지원한다.

▶ 인가 전 또는 인가 후 회사에 대한 신규자금 투입 지원을 통해 채무자의 계속 영업 및 회생계획 수행을 지원한다.

라. 신용보증기금

▶ 회생기업 M&A보증은 〈채무자 회생 및 파산에 관한 법률〉에 따라 회생절차 진행 중인 회생기업의 경영권을 인수하고자 하는 기업에 인수대금을 보증 지원한다.

▶ 보증대상기업은 신사업 진출과 구조조정을 위해 회생기업 M&A를 추진 중인 중소·중견기업(인수기업)이다.

▶ 보증대상자금은 M&A 회생계획안에 반영된 회생기업 인수대금 및 부대비용으로 한다.

▶ 보증한도는 30억 원 이내에서 M&A 소요자금 지원한도, 자기자본한도, 피인수기업의 인수가치한도 중 적은 금액으로 한다 (인수기업이 지식기반기업 또는 녹색성장산업 영위기업인 경우에는 70억원 이내).

▶ M&A보증한도 산정방법: MIN{(1),(2),(3)}

    (1) [소요자금한도] M&A 소요자금의 50%

    (2) [자기자본한도] 인수기업 자기자본의 300%

    (3) [인수가치한도] 회생기업 청산가치금액

▶ 보증료는 인수기업의 미래성장성등급별로 차등하며, 보증기간
은 5년 이상 장기 운용한다.

마. 개인파산회생지원변호사단

▶ 서울회생법원은 2017. 11. 8. 서울지방변호사회와 개인도산지원
변호사단에 관한 업무협약을 체결하였고, 이에 따라 2018년
10월 서울지방변호사회 내에 '개인파산회생지원변호사단'이 구
성되었다.

가. 중소벤처기업진흥공단

▶ 중소벤처기업진흥공단(이하 중진공)의 '구조개선전용자금'은 부
  실징후가 보이는 중소벤처기업을 선제적으로 지원하여 조기 정
  상화 및 재도약을 지원한다.

▶ 중진공의 지원내용은 아래와 같다.

  (1) 대출방식: 중진공 직접대출(대리대출 불가)

  (2) 지원한도: 업체당 연간 10억 원 이내(3년간 10억 원 이내)

  (3) 대출기간: 5년 이내(거치 2년 포함)

  (4) 지원범위: 사업에 소요되는 운전자금(시설자금 지원 불가)

▶ 지원대상은 아래 각호 중 1가지 이상의 요건을 충족하는 기업
  이다.

  (1) 은행권 추천 경영애로 기업 중 아래에 해당되는 기업

- 은행의 기업신용위험평가 결과 경영정상화 가능기업(A, B, C 등급)
- 은행권 자체 프로그램에 의한 워크아웃 추진기업
- 자산건전성 분류 기준 '요주의' 등급 이하
- 3년 연속 영업현금흐름(-)
- 3년 연속 이자보상배율 1 미만

(2) 중진공 및 신·기보 지정 경영애로 기업

- 정책금융기관(중진공, 신용보증기금, 기술보증기금)이 부실징후기업으로 지정한 중소벤처기업

(3) 채권은행협의회 운영협약 또는 기업구조조정 촉진법에 의한 워크아웃 추진 중소벤처기업

(4) 한국신용정보원의 '일반신용정보관리규약'에 따라 연체, 대위변제·대지급, 부도, 관련인 정보가 등록되어 있는 기업 중 강력한 자구노력(자산매각, 대주주 감자 등) 추진기업

(5) 〈채무자 회생 및 파산에 관한 법률〉에 따른 회생계획인가 기업(회생절차종결 후 3년 이내 기업 포함)

(6) 진로제시 컨설팅 결과 '구조개선' 대상으로 판정된 기업

▶ 지원 절차는 아래와 같다.

신청	진로제시컨설팅	경영개선진단	구조개선진단	자금실사	자금지원
위기 기업	중진공	중진공, 신기보	중진공, 신기보, 주채권은행	중진공	중진공

워크아웃 추진 기업·연체, 대위변제·대지급, 부도, 관련인정보 등록기업 및 회생인가기업

나. 한국자산관리공사

▶ 회생기업 자금대여란

○ 한국자산관리공사(이하 캠코)가 기업구조혁신지원센터를 통해 지원하는 자금은 사각지대에 놓여 있는 중소·회생기업에 운영자금 및 긴급 필요자금을 대여하여, 기업의 영업능력 회복을 지원하는 제도이다.

▶ 대상기업은 신규 자금지원 시 재기 가능성이 기대되는 기업으로, 회생절차 개시 결정 후 회생절차 진행 중인 기업 및 회생절차 종결 후 3년 이내 기업 등이다.

▶ 〈채무자 회생 및 파산에 관한 법률〉에 따른 회생기업(회생종결기업 포함)이 아닌 정상기업 및 지원 자금을 용도 외 목적으로 사용계획 중인 기업 등은 지원대상에서 제외된다.

지원 절차

1단계: 접수		2단계: 심사		3단계: 승인		4단계: 집행
온라인을 통해 신청	→	사전 검토 및 기업 평가 실시	→	내부 승인절차 진행	→	자금대여 실행 및 지원기업 관리

▶ 또한, 재무구조 개선을 원하는 기업과 투자처를 찾는 자본시장 투자자의 투자 매칭을 지원하며, 캠코의 자금지원 조건은 아래와 같다.

(1) 자금용도: 기업의 영업현금흐름 창출 지원을 위한 운영자금
(2) 대여기간: 최장 5년(연장기간 포함) 이내, 1년 단위 연장 가능
(3) 대여금액: 신청금액 및 자금수요 내역, 정상 영업이익 수준 등을 반영하여 결정
(4) 대여이율: 민간 DIP금융 또는 일반 무담보대출 대비 저이율 구조

▶ 캠코의 자금대여와 투자 매칭은 재도전 기업의 현금흐름을 개선하여 채무상환능력을 회복시키는 것이 목적이다.

다. 신용보증기금

▶ 재기 관련 보증종류는 아래와 같다.

구분	보증종류	신청대상	지원내용
재도전 지원	회생지원보증	실패한 기업 및 재도전 기업주 (신보 단독채무자만 대상)	구상채무 변제자금
	재기지원보증		구상채무 변제자금 및 신규 자금
	법적변제의무 종결기업 보증	법적변제의무 종결기업	신규 자금

▶ 신청대상은 아래와 같다.

(1) 회생지원보증은 실패한 기업 및 재도전 기업주가 대표자, 무한책임사원, 실제 경영자인 기업이 신청대상이다.
- 실패한 기업: 신보가 보증채무 이행 후 구상채권 변제를 받지 못한 기업
- 재도전 기업주: 신보의 구상채무에 대하여 변제책임이 있는 구상채권의 주채무자 등
(2) 재기지원보증은 회생지원보증 신청대상과 같다.
- 단, 허위자료제출기업 및 신용관리정보를 보유한 경우는 제외한다.
(3) 법적 변제의무 종결기업 보증은 법적 변제의무 종결기업이 신청대상이다.
- 파산·면책 결정 확정, 회생절차 완료 등 채무조정으로 구상채무, 보험금 법적 변제의무 면제 또는 면책된 기업을 말한다 (단, 신보의 보증금지 및 보증제한 기업은 제외).

▶ 보증 한도는 아래와 같이 운영된다.

구분	회생지원보증	재기지원보증	법적변제의무 종결 기업 보증
같은 기업당	30억 원	30억 원	15억 원
운전자금	최근 1년 또는 당기 매출액, 추정매출액의 1/2	최근 1년 또는 추정매출액의 1/3 ~ 1/6	
시설자금	-	소요자금 범위 내	

▶ 컨설팅 및 교육 내용은 아래와 같다.

(1) 재도전 재기지원 프로그램을 신청하고, 신보 실무위원회의 추천을 받은 기업 등으로 최대 5일(5MD) 실시한다.

(2) 기업의 실패 원인 진단, 사업계획 타당성 분석 및 사업전략을 제시한다.

(3) 심의위원회 추천을 위한 경영자의 재기 의지, 채무상환 노력도 등을 점검한다.

(4) 재도전 재기지원을 받은 기업 중 교육을 신청한 자를 대상으로 교육을 한다.

라. 기술보증기금

▶ 기보는 단순 회생지원보증, 법적 변제의무 종결기업 보증은 일반보증으로 지원한다.

▶ 신청대상은 아래와 같다.

(1) 기금 단독채무자로서 변제책임이 있는 기업주가 영위하는 기업
 - 재도전 기업주 영위 개인, 법인, 실제경영자

(2) 기술사업평가등급이 B등급 이상이고, 도덕성평가를 통과

한 기업

(3) 신청대상에서 제외되는 기업은 아래와 같다.

- 〈신용정보관리규약〉에서 정한 금융질서문란정보에 등록된 기업

- 회생절차 또는 신용회복지원절차를 진행 중인 기업

▶ 보증 한도는 같은 기업당 30억 원 이내(운전자금의 경우 10억 원)로 하고, 보증비율 100% 전액보증 및 회생지원 보증료율 연 1%로 고정한다.

가. 개요

▶ 당사는 2012년 4월에 설립되어 컴퓨터 시스템 통합 자문 구축 서비스업을 영위하고 있고, 블록체인 서비스와 증권서비스를 제공하는 기업이다.

▶ 2017년 국내 최대 디지털 자산거래소 업비트를 출범하였고, 글로벌 블록체인 전문연구소 람다256을 오픈하였다.

▶ 2019년 국내 최초로 비상장 주식 통합거래 플랫폼인 '증권프러스 비상장'을 출시하였다.

나. 기술성(제품)

▶ 당사의 블록체인 서비스는 다음과 같다.

(1) 업비트: 글로벌 표준 디지털 자산거래소

(2) UBCI: 디지털 자산 시장 인덱스

(3) 루니버스: 차세대 BaaS 플랫폼(블록체인 기술 적용 가능)

(4) 업비트 세이프: 기업 디지털 자산 수탁 서비스 등

▶ 당사의 증권 서비스는 아래와 같다.

(1) 증권 플러스: 증권 정보 모바일 서비스

(2) 증권 플러스 비상장: 차별화된 비상장 주식거래 플랫폼

(3) 맵플러스: 투자 일임 서비스

(출처: 당사 홈페이지 dunamu.com)

다. 사업성(시장)

▶ 당사의 UBCI는 블록체인 및 핀테크 전문기업으로 2018년 5월 출시한 국내 최초 디지털 자산 인덱스다.

▶ 2017년 10월 24일 디지털 자산 시장을 기준(1,000)으로 두고 지수를 산정한다. UBCI 중 시장 전체 인덱스인 UBMI(Upbit Market Index)는 최초 대비 5배 이상 성장했음을 보여준다.

▶ 최근 비트코인 가격이 급등하면서 비트코인과 비트코인에서 하드포크된 디지털 자산을 중심으로 디지털 자산 시장 매수가 다량 이뤄졌음을 확인할 수 있다.

▶ 당사의 UBCI는 디지털 자산 시장이 얼마나 성장했고, 어떤 테마의 자산이 인기를 얻고 있는지, 디지털 자산 시장 전체의 흐름과 방향을 방대한 데이터 및 인덱스로 보여주는 국내 최초의 디지털 자산 인덱스이다.

▶ 대표적인 UBCI 인덱스로는 비트코인, 알트코인 등으로 구분된 시장대표 지수, 테마 투자를 위한 테마 지수, 전략/계량 투자를 위한 전략 지수 등이 있다.

▶ 현재 다수의 경제지 및 전문지와 인덱스 제휴를 맺고 지수를 제공하고 있으며, UBCI 데이터를 활용해 디지털 자산을 기초 자산으로 하는 금융상품도 연구하고 있다.

라. 기술창업 착안점

▶ 창업 초기기업이 이 제품(서비스)을 개발 생산하기는 쉽지 않
다. 그런데도 연구사례로 삼은 것은 핀테크가 디지털 전환에서
큰 축을 차지하기 때문이다.

▶ 핀테크를 통해 고객은 복잡하고 번거로웠던 증권 및 펀드 관리
가 편리해졌다. 국내 최초 비상장 주식 통합거래 지원 플랫폼
'증권플러스 비상장'은 블록체인 기반의 증권 및 펀드 관리 서
비스를 제공한다.

▶ 온보드는 기업의 증권 및 펀드 관리를 지원하는 서비스형 소
프트웨어(Software as a Service, SaaS)이다. 당사의 블록체인 전
문 자회사 람다256이 개발한 블록체인 서비스 플랫폼 '루니버
스'를 이용해 증권 발행 및 변동 내역, 주주명부, 스톡옵션 부
여 및 행사 내역 등을 효율적으로 관리할 수 있다.

▶ 위조·변조가 불가능한 블록체인의 특성상, 증권 발행 이력 및
소유권 이전 여부 등이 투명하게 기록된다. 증권 관리에 걸리
는 시간과 비용을 절감하는 것은 물론, 변경 이력을 체계적으
로 관리할 수 있다. 증권의 명의 개서 과정의 중복 또는 누락
위험이나 불확실성을 줄일 수 있는 것도 강점이다.

▶ 기업에 투자한 투자자는 이 상품(서비스)을 이용하여 펀드 관리를 유용하게 할 수 있다. 즉, 투자자는 온보드에 접속해 투자한 기업의 보유지분 현황, 펀드별 투자금액 및 만기 등을 조회하고 관리할 수 있다.

※ 사례연구는 공개된 자료원을 토대로 작성된 것으로, 본문의 구체적인 사안과 관계없이 독립적으로 서술되었으며 기술창업 착안점 등은 필자의 견해가 반영되어 실제 기업의 사실과 차이가 있을 수 있음.

제10장

창업경영 멘토링
(사례 10선)

창업자는 기술개발을 통해 신제품(서비스)을 완성하고 수익을 창출하면서 경영상의 문제를 계속 해결하게 된다. 사업경험이 있는 창업자에게 쉬운 문제도 처음 사업을 시작하는 창업자에게는 어려울 수 있다. 이때 전문가의 작은 조언도 창업자에게는 큰 도움이 된다. 이 장에서 창업경영 멘토링 사례를 공유하고자한다. 멘토링 사례가 다소 중복될 수 있으나, 이는 창업자가 겪는 문제들이 그만큼 유사하다는 것을 의미한다. 이 책에서 서술된 내용을 바탕으로 대부분의 멘토링이 진행된다.

1 법인설립

창업자: 개인사업자에서 법인사업자로 전환하고자 합니다. 투자유치 등을 위한 법인설립 방안과 방법 등 조언을 요청합니다.

※ 상담 기업의 사업내용을 보호하기 위해서 일부 생략하고 각색함.

▶ 법인설립

(1) 당사는 온라인 법인설립 시스템을 활용하여 법인설립을 하고자 합니다.

(2) 법인 사업자는 세금 절감, 대외 공신도, 투자, 거래 등에서 장점이 있으나, 의사결정 지연, 자금의 개인용도 사용 금지 등 단점도 있습니다.

(3) 당사의 경우 법인설립을 진행하는 것이 적절한 시점인 것 같습니다.

▶ 온라인 법인설립

(1) 온라인 법인설립 시스템을 활용할 경우 저비용으로 비교적 빠른 시일 내 법인설립이 가능합니다.
(2) 사업자는 보통 주식회사라는 법인 형태를 선호하며 기업 상황에 따라 유한회사 등으로도 설립하게 됩니다.
(3) 온라인 시스템을 사용할 경우 직접 진행하는 관계로 대행 수수료가 없어 비용을 절감할 수 있고, 창업중소기업의 경우는 면허세를 감면받게 됩니다.

▶ 법인 설립을 위해서는 아래 사항을 사전에 준비해 놓습니다.

(1) 발기인 대표 명의의 은행잔고 증명서
(2) 취임 임원의 인감도장, 인감증명서(2통), 주민등록초본(1통)
(3) 상호, 본점소재지, 목적사업, 1주당 금액
(4) 임대차계약서(홈택스 사업자등록 시에 필요함)

▶ 법인설립을 위해서는 목적사업 및 정관을 사전에 정해 두어야 합니다. 특히 목적사업은 향후 사업의 다양성을 감안하여 모두 설정해 놓는 것이 좋습니다.

▶ 당사의 사업내용은 인터넷 비즈니스 분야이므로 다음과 같은 목적사업을 우선 권장합니다.

(1) 정보통신서비스업

(2) 시스템 구축 판매업

(3) 소프트웨어 개발업

(4) 위와 관련한 부대사업 일체

▶ 정관은 표준 정관 양식을 기준으로 작성하며, 자본금 총액 10억 원 미만의 주식회사의 경우 정관 및 의사록의 공증인 인증이 없어도 효력이 발생합니다.

▶ 온라인 법인설립 사후관리

(1) 법인설립 후 발기인이 아닌 이사는 취임 후 지체 없이 법인설립에 관한 모든 사항이 법령 및 정관에 위배됨이 없는지를 조사하여 발기인/창립총회에 보고하여야 합니다.

(2) 온라인 법인설립 후 3~4일이 경과한 후 인가 여부를 확인하기 바라며, 홈택스에서 사업자등록을 진행하기 바랍니다.

멘토링 요청 내용

👤 **창업자**: 블록체인 기술을 이용하여 기록·관리하는 사업을 전개하고자 합니다. 기술창업 자금 확보 등 지원사업에 대해 조언을 요청합니다.

※ 상담 기업의 사업내용을 보호하기 위해서 일부 생략하고 각색함.

▶ 운전자금 확보

(1) 운전자금을 확보하는 방안은 크게 ① 정부지원자금, ② 정책융자자금, ③ 연구개발자금, ④ 투자유치자금으로 구분할 수 있습니다.

(2) 창업기업에 대한 정부지원자금은 다시 ① 예비창업, ② 초기창업, ③ 창업도약, ④ 창업성공패키지 등이 있으며, 39세 이하 창업자에게 적합한 정부지원사업은 창업성공패키지입니다.

(3) 따라서 창업성공패키지 지원사업의 청년창업사관학교 청년

창업자 2021년 모집에 응모하는 것을 권합니다.

▶ 청년창업사관학교

(1) 청년창업사관학교는 중소벤처기업진흥공단(이하 중진공)에서 운영하는 것으로 본교는 안산에 있으며, 서울, 인천, 경기 등 각 지역에서 청년 창업자를 대상으로 매년 접수하고 있습니다.

(2) 따라서 운영기관인 중진공 청년창업사관학교의 홈페이지(start.kosmes.or.kr) 또는 창업진흥원 K-스타트업(창업넷) 홈페이지(k-startup.go.kr)에서 사업내용을 확인하고 신청합니다.

▶ 보증기관 활용

(1) 보증기관은 기술보증기금, 신용보증기금, 지역보증재단이 있으며, 당사의 기술력 등을 감안할 때 기술보증기금(이하 기보)이 적합할 것으로 보입니다.

(2) 기보를 통해 기술평가 보증기업으로 1억 원 정도의 보증 승인을 받으면 2021년 2월 11일 이전 벤처확인 요건에 해당하므로 이를 활용할 필요가 있습니다(2021년 2월 12일 이후 벤처확인제도 변경).

(3) 벤처확인을 받으면 법인세, 취득세, 재산세 등의 세제 혜택이 있으며, 정책자금 및 보증심사에서 우대를 받을 수 있습

니다.

▶ 기술사업화

(1) 당사의 블록체인 기술은 최근 각 분야에서 주목을 받고 있습니다. 이는 블록체인 기술이 정보의 신뢰성, 보안성을 확보할 수 있기 때문입니다.

(2) 특히 당사에서 관심이 있는 기록관리 등의 정보는 특성상 다수의 기업이 참여하는 관계로 상호 주고받는 정보를 일원화하고, 이를 블록체인 기술로 기록하여 신뢰성을 담보할 수 있어 사업화가 기대됩니다.

(3) 다만 관련 기술을 확보하는 것과 이를 사업화하는 것은 다소 차이가 있으며, 기술사업화를 위해서는 또 다른 경영 지식과 경험이 필요합니다.

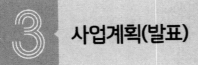

사업계획(발표)

> 🧑 **창업자:** 정부지원사업 서류심사에 합격하였습니다. 대면심사를 준비해야 하는데 사업계획 발표 등 요령에 대해 조언을 요청합니다.

※ 상담 기업의 사업내용을 보호하기 위해서 일부 생략하고 각색함.

▶ 사업계획 발표의 특성은 아래와 같습니다.

(1) 사업계획서 작성과 사업계획 발표는 다른 측면이 있습니다.

(2) 사업계획서는 자세히 작성할 수 있지만, 발표 자료는 시간적 제약으로 인해 다소 함축적으로 표현할 필요가 있습니다.

(3) 특히 발표 자료는 심사위원(청중)의 질문을 전제로 합니다.

▶ 발표 자료는 아래와 같이 작성합니다.

(1) 발표 자료는 ① 문제 상황 제시, ② 해결 방안, ③ 대상 고객

반응, ④ 시장의 크기, ⑤ 경쟁자 분석, ⑥ 수익모델, ⑦ 팀 구성, ⑧ 로드맵(Milestone) 등의 순서로 작성합니다.

(2) 기존 산업에 진입하는 창업자라면 ① 대상 고객, ② 고객의 문제, ③ 문제의 대안, ④ 고유가치 제안, ⑤ 솔루션 제안의 순서로 작성 및 발표하는 것이 바람직합니다.

(3) 총 12페이지 내외의 발표 자료에 주장하는 내용을 요약하여 전달하되, 근거 또는 가정을 전제로 요약 설명을 합니다.

(4) 심사위원은 사업계획의 사실성, 연관성, 충분성 등을 검증하기 위해 질문을 하며, 발표자는 이에 대해 간결하지만 충분한 설명으로 심사위원의 공감을 유도해야 합니다.

▶ 발표 실행 요령은 아래와 같습니다.

○ 사업계획을 발표할 때는 발표하는 순서를 사전에 구상합니다. 일반적으로 사업계획 발표에서 강조되는 것을 아래와 같이 정리합니다.

- 먼저 비즈니스모델 또는 린 캔버스를 머릿속에 그리고, 스토리텔링하듯이 설명한다.

- 사업계획을 발표하는 목적과 상황에 따라 피칭 전략을 다르게 하고, 각 정부지원사업은 이에 부합하게 발표한다.

- 정확한 발표시간을 확인하고, 시간을 안배하여 핵심 내용을 제대로 전달한다.

- 사업계획서와 사업계획 발표는 다른 것으로, 사업계획서는 내

용을 자세히 서술하지만, 사업계획 발표는 핵심을 전달한다.

- 발표할 때는 큰 글씨 중심으로 설명하고, 물 흐르듯이 발표 내용을 전달한다. 발표 자료에 많은 글자를 넣지 않도록 하고, 근거를 위해 많은 내용이 들어가더라도 핵심 문구로 요약하여 전달한다.
- 주장의 근거를 함께 제시하여야 설득력이 높아진다. 따라서 각종 자료는 반드시 출처를 기재한다.
- 근거 데이터는 발표하지 않더라도 미리 준비하여 지참한다. 해당 질문을 받으면 자료를 제시하며 자신 있게 대답한다.
- 심사위원 등 청중에게 호기심을 유발하도록 발표한다. 따라서 스토리텔링이 필요하고 What보다는 Why를 먼저 얘기하여 청중들의 흥미를 유발한다.
- 자신감 있는 표정과 제스처가 간혹 필요하다. 온라인 TED의 인기강사 동영상을 참고하면 도움이 된다.
- 발표자는 명확한 인상을 남길 수 있도록 마무리 멘트를 준비하고, 고유가치 제안을 다시 한 번 강조한다.

👤 **창업자:** 벤처확인제도가 변경된다고 하는데 어떻게 벤처 확인을 받을 수 있으며, 요건 중의 하나인 투자유치는 어떻게 접근해야 하나요?

※ 상담 기업의 사업내용을 보호하기 위해서 일부 생략하고 각색함.

▶ 벤처확인제도(2020년도 상담)

(1) 2021년 2월을 기점으로 벤처기업 확인제도가 공공기관 확인에서 민간 확인으로 전면 개편되고, 벤처기업 확인 유효기간이 2년에서 3년으로 확대됩니다.

(2) 기존의 벤처 확인 요건 중 기보·중진공이 확인하는 보증·대출 유형의 확인제도는 벤처다운 혁신기업 선별에 한계가 있다는 지적에 따라 제도적인 개편 필요성이 대두되어왔습니다.

- 기존의 벤처확인 사례를 보면 ① 보증·대출 유형이 86.2%,

② 연구개발 유형이 7.2%, ③ 벤처투자 유형이 6.3%에 해당하면서, 기보 및 중진공을 통한 벤처확인이 단연 매우 높았습니다.

- 따라서 당사는 2020년도 중에 기술보증기금 또는 중소벤처기업진흥공단 기술평가 심사를 통해 벤처확인을 취득하는 것이 필요합니다.

▶ 벤처확인제도 변경내용(2021년 2월 이후)

(1) 중소벤처기업부는 ① 벤처기업의 확인제도와 ② 유효기간 연장 ③ 벤처투자자 확대 ④ 벤처기업 창업 휴직 확대 등을 내용으로 하는 〈벤처기업육성에 관한 특별조치법 시행령〉을 발령하였습니다.

(2) 이번 시행령에서 2021년 2월 12일부터 민간 벤처확인기관의 요건은 아래와 같습니다.

- 민법에 따른 민간 비영리법인

- 전담조직을 갖추고 최근 3년 이상 계속하여 벤처기업 지원 관련 업무를 수행

- 상시근로자를 20명 이상 보유(전문인력 5명 이상 포함)

- 투자를 받음으로써 벤처기업이 되는 벤처투자자 범위를 기존 13개에 8개를 추가

- 따라서 2021년도 벤처확인이 강화되는 관계로, 2020년도 중에 벤처확인을 받아서 세제, 금융, 입지, 인력적인 측면에 지

원을 받는 것을 추천합니다.

▶ 투자유치 지원기관

(1) 투자유치 지원기관은 크게 ① 한국엔젤투자협회, ② 한국벤처캐피탈협회로 나눌 수 있습니다. 한국엔젤투자협회 부설로 엔젤투자지원센터가 있습니다.

(2) 한국엔젤투자협회는 창업 활성화와 엔젤 투자자를 지원하는 기관으로 ① 엔젤 투자자 육성, ② 엔젤 투자자와 창업기업 네트워크 구축, ③ 엔젤 투자 저변 확대, ④ 창업기업의 성장 지원, ⑤ 선순환 벤처투자 생태계를 조성하여 국가 경제성장에 이바지하고 있습니다.

▶ 투자유치 접근방안 등

(1) 엔젤투자지원센터는 전문엔젤투자자 및 성공 벤처기업인 중심으로 건전하고 공신력 있는 엔젤투자 문화 조성을 위해 2012년 중소벤처기업부로부터 위탁받아 한국엔젤투자협회 부설로 설치하여 운영되고 있습니다.

(2) 엔젤투자지원센터는 ① 엔젤투자 네트워크 구축, ② 전문엔젤투자자 및 엔젤클럽 등록 및 관리, ③ 엔젤투자 교육, ④ 투자지원 및 사후관리, ⑤ 엔젤투자 매칭펀드 접수 등 엔젤투자 활성화 및 창업초기기업의 투자유치와 관련한 종합적

인 지원 업무를 수행하고 있습니다.

(3) 따라서 당사는 엔젤투자지원센터에서 지원하는 벤처 투자 마트 프로세스를 활용할 필요가 있습니다. 벤처투자 마트는 엔젤 및 VC 투자유치를 위한 초기 창업기업과 투자자 간 상담회 개최를 통해 기업에는 투자유치 기회를, 투자자에는 기업발굴 기회를 제공하는 프로그램으로 ① 엔젤투자마트와 ② 벤처투자사랑방이 있습니다.

(4) 따라서 당사는 이 두 창구를 활용하여 상담회 기회를 확보하고 기업의 투자유치 역량을 강화할 필요가 있습니다.

운전자금

> 🔵 **창업자:** 최근 코로나 사태 등으로 판매대금 회수가 지연되고 있습니다. 부족한 운전자금을 확보하기 위한 정책자금 조달방안을 조언 요청합니다.

※ 상담 기업의 사업내용을 보호하기 위해서 일부 생략하고 각색함.

▶ 운전자금 확보

(1) 운전자금을 확보하는 방안은 크게 ① 정부지원자금, ② 정책융자자금, ③ 연구개발자금, ④ 투자유치자금으로 분류할 수 있습니다.

(2) 창업기업에 대한 정부지원자금은 다시 ① 예비창업, ② 초기창업, ③ 창업도약, ④ 창업성공 패키지 등이 있습니다.

(3) 당사는 창업기업이긴 하지만 이미 고정 거래처 등을 확보한 성장기업으로 정부지원자금 신청은 적절하지 않은 것 같습니다.

▶ 정책융자자금 조달

(1) 정책융자자금을 조달하는 방법으로는 보증기관을 이용하는
방법과 중소기업진흥공단(이하 중진공)을 이용하는 방법이
있습니다.
(2) 중진공의 경우 직접대출을 실행하기는 하나 운전자금의 경
우 조기 소진되는 경향이 있습니다.
(3) 보증기관은 기술보증기금, 신용보증기금, 지역보증재단이 있
으며, 당사가 일반 제조업 및 도소매업 인 것을 감안할 때
신용보증기금(이하 신보)이 적합할 것 같습니다.
(4) 신보의 경우 운전자금은 매출액의 1/4(제조업 기준), 자기자
본의 3배 이내에서 지원됩니다.
(5) 작년도 2019년 매출액 10억 원이고, 자기자본이 98백만 원
이기 때문에 2억 원 내외에서 지원될 것으로 보입니다.

▶ 주요 심사항목 등

(1) 주요 심사항목은 재무적 항목과 비재무적 항목으로 나눌
수 있습니다.
(2) 재무적 항목은 재무제표 등에 근거한 신용평가에 의해 산
정하고 약식 등급과 정식 등급으로 나누어집니다.
(3) 신용평가는 각 기관의 고유한 평가이기 때문에 기관별로
다소 차이가 있을 수 있으나, 대체로 3억 원 이내에서는 재

무제표 수정 없이 진행됩니다.

(4) 비재무적 항목에서 제일 중요한 것은 ① 금융기관 원리금 연체 여부, ② 소유 부동산 권리침해 사실, ③ 국세 및 지방세 체납 여부입니다.

(5) 상담 시점 기준으로 2020년 연말이 얼마 남지 않았습니다. 내년도 결산을 위해서 매출실적과 수익금을 재점검하고 보증신청을 추진하는 것이 필요합니다.

시설자금

👤 **창업자:** 사업장 임대료가 지속적으로 지출되고 있습니다. 은행 이자 부담이 있더라도 자가사업장을 확보하고자 조언을 요청합니다.

※ 상담 기업의 사업내용을 보호하기 위해서 일부 생략하고 각색함.

▶ 운전자금 확보

(1) 지난번 운전자금 상담과 관련하여 보증기관의 보증서 담보를 통해 운전자금을 조달하는 성과가 있었습니다.

(2) 보증부 대출은 금리 측면에서 유리할 수 있으나, 보증료의 추가 부담으로 인해 효과가 다소 상쇄됩니다.

(3) 운전자금은 통상 3년까지 기한연장으로 처리하다가 3년이 초과되는 시점에 갱신 처리하는 경향이 있습니다.

(4) 운전자금의 기한연장 및 갱신(재발급)하는 시기에는 ① 원리금 연체 여부, ② 소유 부동산 권리침해 사실, ③ 국세 및

지방세 체납 여부 등을 점검하게 되니 이를 잘 관리하기 바랍니다.

▶ 시설자금 조달

(1) 오늘 추가 상담하게 된 시설자금 조달에 대해 정리하겠습니다.

(2) 운전자금은 ① 매출액 한도와 ② 자기자본 한도를 중심으로 보증지원을 결정하게 됩니다.

(3) 그러나 시설자금은 통상 당해 신축 물건의 견적금액을 중심으로 보증지원 여부를 결정하게 됩니다.

(4) 즉 신축하고자 하는 물건의 대지 및 건물의 가격을 기준으로 합니다. 시설자금 보증한도는 기보증을 포함하여 100억 원(특례적용) 이내입니다.

(5) 자가사업장을 신축하고자 하는 대지와 건물은 같은 금융기관이 담보 취득하여야 하므로, 대지 담보 대출을 취급하는 금융기관을 우선 잘 선택해야 합니다.

(6) 그리고 신규 물건의 약 20~30% 정도의 자금을 확보한 상태에서 진행하는 것이 안정적입니다. 즉 50억 원이 소요될 경우 10억 원 정도는 자기 자금을 가지고 신축을 추진하는 것이 바람직합니다.

▶ 주요 심사항목

(1) 주요 심사항목은 재무적 항목과 비재무적 항목으로 나눌 수 있습니다.

(2) 재무적 항목은 재무제표 등을 근거로 신용평가를 산정하고, 약식 등급과 정식 등급으로 나누어집니다.

(3) 특히 시설자금의 경우는 신축 대지 건물의 견적서를 복수로 받아 적정한지를 판단하며, 이때 금융기관의 사전 탁상 감정평가 서류 등을 근거로 검토할 수 있습니다.

(4) 비재무적 항목에서 제일 중요한 것은 ① 금융기관 원리금 연체 여부, ② 소유 부동산 권리침해 사실, ③ 국세 및 지방세 체납 여부입니다.

(5) 금융기관은 신축 초기에 보증기관의 보증서를 담보로 잡고 시설자금 대출을 기성고에 따라 집행하게 되며, 신축 건물 준공 후 ① 보증서의 전액 해지 또는 ② 일부 해지 여부에 따라 보증심사가 달리 운영됩니다.

(6) 통상 보증기관은 신축 건물준공 후 보증서의 전액 해지를 주장하고, 금융기관은 일부 해지를 요청하는 상호 충돌하는 상황을 잘 해결해야 합니다.

멘토링 요청 내용

> 🙎 **창업자:** 광역단체의 투자연계 지원사업을 신청하고자 합니다. 이런 경우 초기 투자유치 금액과 방안에 대해 조언을 요청합니다.

※ 상담 기업의 사업내용을 보호하기 위해서 일부 생략하고 각색함.

▶ 투자연계형 지원사업

(1) 창업기업의 자금조달은 ① 정부지원사업, ② 정책융자자금, ③ 연구개발자금, ④ 투자유치자금 등으로 구분할 수 있으며, 대체로 나열한 순서대로 자금조달을 추진합니다.

(2) 당사가 현재 추진하는 것은 선행된 투자유치를 근거로 정부지원사업을 받고자 하는 것으로 엔젤투자사의 선투자가 요구되고 있습니다.

(3) 이는 창업 초기기업에 대한 정부지원 이후 추가 운전자금 부족으로 인한 경영상의 어려움을 먼저 해결하려는 의도가

있습니다.

(4) 해당 광역단체에 소속된 투자회사는 한국엔젤투자협회, 한국벤처캐피탈협회, 다수의 여타 투자사 등이 있습니다.

(5) 해당 광역단체에서 지원하는 투자연계형 지원사업은 투자유치금액이 60백만 원이라면 50%에 해당하는 30백만 원을 지원하는 것입니다. 따라서 자기부담금이 20% 있으므로 실제 사업비는 37.5백만 원이 됩니다.

▶ 투자유치 방안 등

(1) 일반적으로 투자유치의 중요한 축은 ① 한국엔젤투자협회와 ② 한국벤처캐피탈협회라고 볼 수 있으며, 실제 투자사 발굴은 엔젤투자지원센터(kban.or.kr)의 벤처 투자마트를 중심으로 이루어집니다.

(2) 엔젤투자지원센터의 벤처 투자마트는 다시 ① 엔젤투자마트와 ② 벤처투자사랑방 2개의 트랙으로 진행되고 있어 이를 통해 투자사를 발굴합니다.

(3) 여기서 매칭된 협회 회원사는 해당 광역단체의 연계투자 투자사로 인정되며, 당사는 투자유치를 위한 회사 소개자료(IR)를 우선 준비할 필요가 있습니다.

(4) 엔젤투자사와 벤처투자사는 투자자의 성향에 따라 선호하는 업종 및 유형이 매우 다양합니다. 작년도 기준으로 벤처 투자사가 선호하는 기업은 솔루션, 커머스, 건강, 콘텐츠 등

을 영위하는 기업들입니다.

(5) 향후 창업자들은 벤처확인을 받기 위해서 벤처투자가 필요할 수가 있어 벤처투자는 더 큰 의미를 갖게 되었습니다.

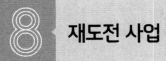

재도전 사업

🧑 **창업자:** 기존 사업자를 폐업한 후에 신규 사업으로 재도전하고자 합니다. 재도전성공패키지의 사업계획서를 작성하고자 조언을 요청합니다.

※ 상담 기업의 사업내용을 보호하기 위해서 일부 생략하고 각색함.

▶ 사업계획

(1) 사업계획은 창업자가 자신이 영위할 사업의 내용을 구체적으로 정의하고 서술합니다. 사업계획은 우선 표준사업계획서의 틀에 맞추어 작성합니다.

(2) 정부지원사업은 표준사업계획서의 작성 내용을 보고 신청 과제의 타당성을 심사합니다.

(3) 표준사업계획서는 ① 문제 인식, ② 실현 가능성, ③ 성장 전략, ④ 팀 구성으로 나누어집니다. 재도전성공패키지를 신청하는 창업자는 기존의 폐업 사실에 대한 분석 내용을

서술해야 합니다.

▶ 문제 인식

(1) 창업은 사회적 문제를 해결하는 과정입니다. 즉 창업아이템은 사회적 문제점을 인식하고 이를 해결하는 비즈니스모델입니다.

(2) 따라서 창업아이템을 개발하려는 동기와 창업아이템의 목적 즉 필요성을 명확하게 설정하는 것이 필요합니다.

(3) 더불어 창업아이템을 사업화하는 전략을 객관적으로 수립함으로써 창업의 성공률을 높일 수 있습니다.

▶ 실현 가능성

(1) 창업아이템은 창업자가 원하는 것을 만드는 것이 아니라 시장이 원하는 것을 만드는 것입니다. 창업자가 제품과 시장에 대한 지식과 경험이 있다면 그만큼 성공할 가능성이 큽니다.

(2) 창업자는 시장을 분석하고 경쟁력을 확보하는 것이 필요합니다. 이를 위해 ① 3C 분석, ② STP 분석, ③ 4P 분석, ④ SWOT 분석, ⑤ 5 Forces 분석 등을 실행하는 것이 필요합니다.

(3) 창업자는 3C 분석을 통해 고객, 경쟁자, 자신에 대한 현황

을 분석합니다.

(4) 창업아이템은 4P 분석을 통해 사업화 내용을 명확하게 합니다. 즉 제품, 가격, 유통, 홍보 측면에서 분석하여 정리합니다.

(5) SWOT 분석은 창업자의 강점, 약점과 시장의 기회 및 위협 요인을 분석하는 것으로 향후 추진전략을 설정하는 데 도움이 됩니다.

(6) 창업자는 창업하는 순간부터 시장의 역학관계에 노출됩니다. 5 Forces 분석을 하면서, 공급자와 수요자의 교섭력, 신규 진입자와 대체재의 위협을 예측해보고 산업 내의 경쟁구도를 파악합니다.

▶ 성장전략 등

(1) 창업자의 성장전략은 쉽게 수립될 수 있는 분야는 아닙니다. 이를 수립해보고 끊임없이 수정해서 발전시켜 나갑니다.

(2) 성장전략은 ① 자금 소요계획 및 조달 전략, ② 시장진입 및 성과창출 전략, ③ 출구 목표 및 전략 등으로 나눌 수 있습니다.

(3) 기업자금은 ① 정부지원자금, ② 정책융자자금, ③ 투자유치자금, ④ 연구개발자금 등으로 구분하여 조달합니다.

(4) 시장진입과 성과창출은 창업 초기 연도를 포함하여 최소 3개년간의 생산 및 매출계획을 수립합니다.

▶ 팀 구성

(1) 기업은 ① 조직, ② 자원, ③ 리더십, ④ 네트워킹을 통해 운영된다고 볼 수 있습니다. 조직은 인적자원에 해당하고, 자원은 금전적 자원을 말합니다.

(2) 창업은 대표자의 리더십과 팀원의 역량을 통해 성공합니다. 적절한 리더십과 역량 있는 팀원을 확보하는 것이 필요합니다.

(3) 기업은 이윤을 추구하는 조직입니다. 더불어 기업이 사회적 가치까지 실천한다면 기업 구성원들의 만족도와 자긍심이 매우 커질 것입니다.

(4) 창업자는 구성원들에게 비전을 제시하고 적절한 보상을 통해서 함께 성장하는 것이 필요합니다.

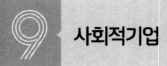

사회적기업

▶ 사업화 검토

(1) 당사는 플랫폼을 이용한 교육상담 서비스를 제공하고자 시스템 개발 등을 진행하고 있습니다. 현재 서비스를 보급하기 위해 시장조사 등에 착수하는 단계입니다.

(2) 이 서비스와 관련이 있는 기관으로는 유치원 등이 있을 수 있습니다. 이와 유사한 또 다른 업종은 성장기 어린이·청소년을 위한 학원 등이 있습니다.

(3) 즉 당사는 STP 마케팅 전략을 수립하는 단계로 ① 시장 세분화(segmentation), ② 표적시장 선정(targeting), ③ 기업 위

상 정립(positioning)을 고민할 때입니다.

(4) 이때 필요한 것은 유사업종을 조사하고 이와 차별화하는 전략과 집중화하는 분야를 설정하는 것이 필요합니다.

(5) 이에 앞서 창업기업 및 서비스에 대한 브랜딩 작업을 우선 진행하는 것이 필요하며, 전문가와 사전 협의를 통해 향후 마케팅 전략을 수립합니다.

▶ 사회적기업 검토

(1) 당사의 플랫폼 서비스는 사회적기업의 운영방법과 매우 유사합니다. 즉 이 서비스를 이용하여 전문 상담자들이 합류하고, 유치원 등이 하나의 협력 집단으로 참여함으로써 서로 상생하는 관계가 됩니다.

(2) 사회적기업이란 영리기업과 비영리기업의 중간 형태로, 사회적 목적을 우선 추구하면서 재화 및 서비스의 생산·판매 등 영업활동을 수행하는 기업을 말합니다.

(3) 사회적기업 이전에 예비사회적기업이라는 제도가 있으며, 사회적기업의 유형은 ① 일자리 제공형, ② 사회 서비스 제공형, ③ 지역사회 공헌형, ④ 혼합형 등이 있습니다.

(4) 사회적기업은 '사회적기업 육성법'에 의거 고용노동부에서 인증하며, 예비사회적기업은 '사회적기업 육성지원을 위한 조례 및 규칙'에 의거 기초단체에서 주관합니다.

(5) 사회적기업에게는 세제 지원 및 전문인력 채용 지원 등의 혜

택이 있습니다.

▶ 착안점 등

(1) 사회적기업을 착안하게 된 것은 당사의 플랫폼 서비스를 홍보하고 협력하는 또 하나의 창구(채널)를 만들기 위한 것입니다. 대표자의 취향에 따라 사회적기업 제도를 꺼리는 경우도 있지만, 지역사회를 토대로 서비스를 확산한다는 측면에서 방안으로 제시합니다.

(2) 더불어 당사 플랫폼 서비스를 브랜딩하고 이를 온라인 홍보하는 방안 등을 통해 시장진입을 시도하고, 지역사회에 파생된 여타 사업들과 연계하는 방안도 고려할 수 있습니다.

멘토링 요청 내용

> 👤 **창업자:** 특수작물을 재배하는 농영경영체 기업으로 사업을 다각화하고자 자금조달 방안을 고민하고 있습니다. 적합한 정책자금, 투자유치 등 조언을 요청합니다.

※ 상담 기업의 사업내용을 보호하기 위해서 일부 생략하고 각색함.

▶ 사업개요

(1) 당사는 농업회사법인으로 특수작물 재배 등 사업을 다각화 하고자, 투자유치 및 자금조달 등을 상담하였습니다.

(2) 사업 다각화 전략은 ① 기존의 농작물 재배 농업(제1차 산업)에서 ② 농작물 추출물을 활용한 제품 등 제조업(제2차 산업) 및 ③ 이를 효과적으로 홍보·유통하는 전시관 등의 유통 서비스업(제3차 산업)을 영위하는 것입니다.

▶ 자금조달

(1) 기업의 자금조달은 크게 ① 정부지원자금, ② 정책융자자금, ③ 투자유치자금, ④ 연구개발자금 등으로 구분할 수 있습니다.

(2) 3년 또는 7년 이내 창업기업은 우선 예비창업패키지, 창업성공패키지 등의 정부지원자금을 받아 시제품(또는 서비스)을 제작하는 것이 일반적입니다만, 당사는 이러한 창업 수준을 이미 오래전에 벗어난 상태입니다.

(3) 따라서 정부지원자금을 받기 위해서는 추출물 제조업 또는 체험형 서비스업을 영위하는 별도의 신규 법인설립을 고려할 수 있습니다.

(4) 정책융자자금은 자금 용도에 따라 크게 ① 운전자금, ② 시설자금으로 구분할 수 있으며, 운전자금은 매출액 규모에 따라 지원금액이 정해지고 시설자금은 당해 시설 견적금액을 기준으로 지원금액이 정해집니다.

▶ 보증기관 이용 등

(1) 농업경영체는 금융기관(농협은행)으로 대출을 받고자 할 때 주로 '농림수산업자 신용보증기금'을 이용하여 보증서를 발급받고, 이를 담보로 농협은행에서 자금(대출)을 조달하게 됩니다.

(2) 일반적인 보증기관은 신용보증기금(상급기관 금융위원회), 기술보증기금(중소벤처기업부), 지역신용보증재단(광역단체)이 있으며, 당사는 지역신용보증재단 또는 신용보증기금에서 신용보증서 발급을 별도 추진할 수 있습니다.

(3) 또한 직접대출(금융)을 취급하는 기관으로 중소기업진흥공단(이하 중진공)이 있습니다. 중진공은 운전 및 시설자금을 직접 취급하는 기관으로 이 기관을 이용할 경우 보증기관을 거치지 않아도 됩니다.

(4) 당사는 크라우드펀딩을 이용한 자금조달을 염두에 두고 있으며, 크라우드펀딩의 투자 형태는 리워드형, 지분형, 증권형 등으로 나눌 수 있습니다. 투자유치를 위한 서류 제출 및 현장 심사 시에는 회사의 핵심가치를 잘 전달하는 것이 필요합니다.

이 책의 내용은 관련 법령 및 규정 등의 변경으로 인해 실제와 차이가 있을 수 있으니, 기업에서 업무에 적용할 때에는 관련 사실을 반드시 재확인하시기 바랍니다.

참고문헌 및 사이트

강달천(2020), 「데이터 3법 개정의 주요 내용과 전망」, 한국인터넷진흥원.

강희우 외(2017), 「공공조달시장제도 개선방안 연구」, 한국조세재정연구원.

권준(2020), 「국회 본회의 통과한 정보통신망법 개정안, 융합보안 기반 조성」, 보안뉴스.

김광석 외(2017), 「금융산업, 4차 산업혁명과 만나다」, 삼정KPMG 경제연구원.

김래환 외(2018), 「신용정보법 위반사례로 보는 개인신용정보 보호」, 금융감독원.

김주희 외(2014), 「기술사업화 특성분석 및 전략적 추진방안」, 한국과학기술기획평가원.

김진수 외(2017), 「기술창업론」, 탑북스.

김창호(2020), 「제조기업구성원의 디지털전환(DX) 인식이 디지털기술 수용에 미치는 영향」, 무역연구.

박도훈(2020), 「제4차 산업혁명 인공지능(AI)에 대한 미래교회 대응 방안 연구」, 한국실천신학회.

방송통신위원회(2015), 「개정 〈정보통신망법〉 중 개인정보보호규정 안내서」, 방송통신위원회

빌올렛(2014), 「MIT 스타트업 바이블」, 비즈니스북스.

서승원 외(2017), 「엔젤투자 알아야 성공한다」, 한국엔젤투자협회 외.

안철원(2019), 「금융경제학」, 한경사.

이기혁 외(2013), 「개인정보보호의 이해와 활용」, 인포더북스.

이찬근(2012), 「금융경제학 사용설명서」, 부키.

이철우(2019), 「좌충우돌 스타트업 창업멘토링」, 북랩.

이철우(2020), 「좌충우돌 창업경영 오픈소스」, 북랩.

조영국(2009), 「바이오 기술사업화 전략과 성공사례」.

최태진(2007), 「P-CBO 보증 성과분석과 발전방향」, 코딧리서치.

통계청(2020), 「제10차 기준 한국표준산업분류 실무적용 가이드북」.

법령(2021), 「과학기술기본법, 시행령, 시행규칙」, 과학기술정보통신부.

법령(2020), 「국가연구개발사업의 관리 등에 관한 규정」, 과학기술정보통신부.

법령(2021), 「국가연구개발혁신법, 시행령, 시행규칙」, 과학기술정보통신부.

법령(2020), 「국가를 당사자로 하는 계약에 관한 법률」, 조달청.

법령(2020), 「공공기관의 운영에 관한 법률」, 조달청.

법령(2020), 「국가종합전자조달시스템 전자입찰특별유의서」, 조달청.

법령(2020), 「벤처기업육성에 관한 특별조치법, 시행령, 시행규칙」, 중소벤처기업부.

법령(2020), 「벤처투자 촉진에 관한 법률, 시행령」, 중소벤처기업부.

법령(2020), 「개인정보보호법」, 방송통신위원회.

법령(2020), 「신용정보의 이용 및 보호에 관한 법률(신용정보법)」, 금융위원회.

법령(2020), 「정보통신망 이용촉진 및 정보보호 등에 관한 법률(정보통신망법)」, 방송통신
   위원회.

법령(2020), 「저탄소 녹색성장 기본법, 시행령」, 국무조정실.

법령(2020), 「중소기업기술혁신촉진법, 시행령, 시행규칙」, 중소벤처기업부.

법령(2020), 「정보통신 진흥 및 융합 활성화 등에 관한 특별법, 시행령 및 시행규칙」, 과
   학기술정보통신부.

법령(2020), 「정보통신산업진흥법, 시행령, 시행규칙」, 과학기술정보통신부.

법령(2020), 「방송통신발전기본법, 시행령, 시행규칙」, 과학기술정보통신부.

행정규칙(2020), 「국가연구개발 시설·장비의 관리 등에 관한 표준지침」, 과학기술정보
   통신부.

행정규칙(2020), 「다수공급자계약 업무처리규정」, 조달청.

행정규칙(2018), 「벤처나라 등록 물품·서비스 지정 관리규정」, 조달청.

행정규칙(2019), 「중소기업기술개발 지원사업 운영요령」, 중소벤처기업부.

행정규칙(2020), 「정보통신·방송 기술개발사업 수행관리지침」, 과학기술정보통신부.

행정규칙(2020), 「정보통신·방송 연구개발 관리규정」, 과학기술정보통신부.

행정규칙(2020), 「정보통신·방송 연구개발 기술료 징수 및 사용·관리에 관한 규정」, 과
   학기술정보통신부.

행정규칙(2020), 「정보통신·방송 연구개발 보안관리규정」, 과학기술정보통신부.

행정규칙(2020), 「정보통신·방송 연구개발 사업비 산정 및 정산 등에 관한 규정」, 과학기술정보통신부.

행정규칙(2020), 「혁신제품 구매 운영규정」, 조달청.

개인정보보호포털, https://www.privacy.go.kr/

국가R&D통합공고, https://www.ntis.go.kr/

국가산업융합지원센터, https://www.knicc.re.kr/

국가연구개발혁신법, http://www.rndlaw.kr/

국세청 홈택스, https://www.hometax.go.kr/

기술보증기금, https://www.kibo.or.kr/

기술이전홈페이지(ETRI), https://itec.etri.re.kr/

기업마당, http://www.bizinfo.go.kr/

녹색인증, https://www.greencertif.or.kr/

매일경제신문, https://www.mk.co.kr/

벤처인시스템, https://www.venturein.or.kr/

사회적기업 통합시스템, http://www.seis.or.kr/

소프트웨어고성장, https://swgo.kr/

소프트웨어고성장클럽, https://swgo200.kr/

신용보증기금, https://www.kodit.co.kr/

알리오(공공기관 경영정보), http://www.alio.go.kr/

알리오 플러스, http://www.alioplus.go.kr/

엔젤투자지원센터, http://www.kban.or.kr/

조달정보개방포털, http://data.g2b.go.kr/

조달청 나라장터, http://www.g2b.go.kr/

조달청 벤처나라, http://venture.g2b.go.kr/

조달청 의사결정지원, http://bddm.g2b.go.kr/

조달청 종합쇼핑몰, https://shopping.g2b.go.kr/

조달청 혁신장터, http://ppi.g2b.go.kr/

중소기업 기술로드맵, http://smroadmap.smtech.go.kr/

중소기업기술정보진흥원, https://www.tipa.or.kr/

중소벤처기업부, http://www.mss.go.kr/

중소벤처기업진흥공단, https://www.kosmes.or.kr/

저작권찾기 정보시스템, https://www.findcopyright.or.kr/

정보통신기획평가원, https://www.iitp.kr/

정보통신산업진흥원, https://www.nipa.kr/

창업보육센터 네트워크시스템, https://www.bi.go.kr/

크레딧포유, http://www.credit4u.or.kr/

통계청, http://kostat.go.kr/

통계분류포털, https://kssc.kostat.go.kr/

특허청 특허정보넷, http://www.kipris.or.kr/khome/

한국과학기술기획평가원, https://www.kistep.re.kr/

한국기술개발협회, http://kotera.or.kr/

한국벤처캐피탈협회, http://www.kvca.or.kr/

한국벤처투자, https://www.kvic.or.kr/

한국산업기술진흥협회, https://www.koita.or.kr/

한국생산기술연구원, http://www.kitech.re.kr/

한국신용정보원, http://www.kcredit.or.kr/

한국엔젤투자협회, https://home.kban.or.kr/

한국인터넷진흥원, https://www.kisa.or.kr/

한국자산관리공사, http://www.kamco.or.kr/

해외조달정보센터, http://www.pps.go.kr/

이 책은 필자가 기술·경영 자문활동(컨설팅)을 수행하면서 얻은 지식과 경험을 바탕으로 정리한 것이다. 창업자들에게 조력하고자 이 책을 서술하였지만, 사실은 필자 스스로를 위해 정리한 책이기도 하다. 2020년도에 출간한 『좌충우돌 창업경영 오픈소스』에 이어 '기술창업'을 중심으로 이 책을 다시 서술하였다. 기술창업 사례를 연구하다 보니 창업자들이 나의 스승이 된다. 창업자들의 고충을 함께 공감하고 기술·경영 문제를 해결해나가는 과정에서 큰 보람을 얻는다. 최근 기술창업은 정보통신기술(ICT)과 연관성이 매우 높으므로 책의 전체적 부분에서 이를 염두에 두고 서술하였다.

창업자의 조력자인 컨설턴트(경영기술지도사)의 역할은 지원사업 주관기관, 금융기관, 투자자들에게 창업기업의 현황이 잘 표현되도록 하는 것이다. 그러다 보면 창업기업의 핵심가치를 발굴하고 최소기능제품(MVP)의 조속한 개발을 독려하며, 성장 잠재력이 있는 시장에서 꼭 필요한 제품을 만들도록 고민하게 된다. 그러나 창업자의 사업 준비가 조금 부족하더라도 창업자의 열의와 열정을 고려하여 사업 추진을 격려하는 것도 컨설턴트들의 어쩔 수 없는 선택인 것 같다. 창업자들이 시장에서 최고의 선택을 통해 항상 성장 발전하기를 기원한다.

　이 책은 기술창업 기업을 중심으로 서술되었으나, 여타 벤처창업 및 일반창업에도 모두 해당하는 자금조달 분야들을 중점적으로 다루고 있다. 정책적 목적에서 정부지원자금, 정책융자자금, 연구개발자금 등은 기술창업 육성에 중점을 두는 것이 사실이다. 특히 천연자원이 부족한 우리나라에서 인적자원을 중심으로 한 기술연구개발의 중요성은 아무리 강조해도 지나치지 않다. 창업기업이 부가가치가 높은 핵심기술을 융합하여 신제품 연구개발에 노력한다면, 정부의 지원사업은 창업기업의 성장 발판에 밑거름이 될 것이다. 모든 창업기업의 빠른 성장과 발전을 기원한다.

이철우